Stéphane Frédéric Hessel

Stéphane Frédéric Hessel est né à Berlin en 1917, d'un père juif. Arrivé en France à l'âge de huit ans, il est naturalisé en 1937. Il poursuit des études à l'École normale supérieure (Ulm). En 1941, il rejoint les forces françaises libres à Londres. Résistant, il est arrêté et déporté à Buchenwald puis à Dora. Il ne doit la vie qu'à une substitution d'identité avec un prisonnier mort du typhus, ce qui lui permet de s'évader.

Il intègre le Quai d'Orsay en 1945 et fait une partie de sa carrière diplomatique auprès des Nations unies où il participe à la rédaction de la *Déclaration universelle des droits de l'Homme* (1948).

Stéphane Hessel est connu du grand public pour ses prises de position concernant les droits de l'homme et le conflit israélo-palestinien, pour son engagement auprès des sans-papiers, ainsi que pour son manifeste *Indignez-vous !* (Éditions Indigène) paru en 2010 et devenu un succès international. Il a publié depuis d'autres essais comme : *Engagez-vous !* (Éditions de l'Aube, 2011), *Tous comptes fait... ou presque* (Éditions Libella-Maren Sell, 2011, Pocket, 2012) ou, plus récemment, *EXIGEZ ! Un désarmement nucléaire total* (Stock, 2012).

Stéphane Hessel est décédé le 27 février 2013.

TOUS COMPTES FAITS…
OU PRESQUE

STÉPHANE HESSEL

TOUS COMPTES FAITS...
OU PRESQUE

LIBELLA

© Libella, Paris, 2012.

ISBN : 978-2-266-22852-7

La parole de Stéphane Hessel déborde le cadre d'un simple livre. C'est un appel pour ouvrir nos yeux, éveiller nos consciences. Ceci n'est donc pas une autobiographie au sens strict du terme, tournée vers le passé, mais au contraire une invitation au courage. Y trouvent place des expériences qui se sont avérées exemplaires et utiles pour étayer un engagement, une manière d'être devant la vie.

L'éditeur remercie tous ceux qui, par leur stimulante présence, sont devenus des personnages de ce livre.
Et remercie également Sacha Goldman du Collegium International, infatigable organisateur de cette association où se croisent intelligences et expériences, afin de concevoir une plus sage gouvernance de l'humanité et de la planète.

M. S.

Toute une vie contée ici, faite de rencontres, de silhouettes épanouies et fanées, de souvenirs revisités comme à travers un verre grossissant à la lueur du soir : « Vous voilà de nouveau, formes aériennes / qui flottiez à mes yeux dans la lumière et l'or… »

Toute une architecture de principes, de valeurs et d'éthique, bâtie sur des socles inébranlables : Walter Benjamin, Hannah Arendt, Merleau-Ponty, et tous ces grands artistes et écrivains du passé. Ainsi que, de nos jours, Edgar Morin, Régis Debray, Michel Rocard, Daniel Cohn-Bendit, Jean-Claude Carrière, Peter Sloterdijk, Laure Adler, Jean-Paul Dollé, et tant d'autres… Pour une autre « danse avec le siècle » qui commence.

Dédicace

Vous approchez de nouveau, hésitantes figures !
Qui, tôt jadis, vous montrèrent à mon regard voilé.
Vais-je essayer cette fois de vous retenir ?
Mon cœur se sent-il encore séduit par cette chimère ?
Vous insistez ! Fort bien, qu'il en soit fait comme vous voulez,
À mesure que, sortant des nuées et des brumes, vous venez
[m'entourer ;
Mon cœur se sent pris d'une émotion juvénile, bouleversé
Par le souffle enchanté qui enveloppe votre cortège.

Vous apportez avec vous les images des jours heureux,
Et maintes ombres chères surgissent devant moi ;
Telle une vieille légende à demi oubliée,
Voici venir les premières amours et la première amitié ;
La douleur point de nouveau, la plainte répète
Le cours erratique de la vie dans son labyrinthe
Et appelle par leur nom les êtres de qualité qui,
    frustrés de leurs belles heures
Par le destin, ont avant moi disparu.

Johann Wolfgang von Goethe,
Faust, traduit par Jacques Le Rider,
Paris, Bartillat, 2009.

Le privilège de l'âge

« Gleich der Flamme » : comme la flamme...

J'étais déjà en train de mettre le couvercle sur la haute cuve où se sont accumulées les expériences de cœur et d'esprit de huit décennies passionnées et passionnantes, lorsqu'un concours de circonstances inattendu, époustouflant, irrépressible, transforma la vie d'un vieux diplomate à la retraite en une farandole sans répit.

Un court texte au titre provocateur sorti de ma plume est parti comme une fusée à travers les pays francophones puis au-delà de toutes les frontières, exigeant de ses lecteurs, désormais innombrables, de s'indigner.

Je ne mesurais ni le risque que je prenais, ni l'accueil parfois enthousiaste que cet appel susciterait. Quel ouragan avais-je déclenché ! Il fallait essayer d'en comprendre les raisons, et surtout d'en tirer les conséquences. Oui, ce texte tombait juste. Sortie de vingt années de domination par les forces de l'argent auxquelles les gouvernements étaient hors d'état d'opposer la protection de leurs citoyens, la société mondiale ne présentait aux peuples qui la composent qu'un tableau déprimant et incohérent.

En rappelant les valeurs de liberté et de justice sur lesquelles ma génération avait voulu bâtir un monde meilleur au sortir de l'effroyable tumulte des années quarante, en contestant la manière dont ces valeurs avaient été bafouées tant par les tyrans d'Afrique du Nord que par les démocraties imparfaites des pays industrialisés, cet appel à s'indigner arrivait au bon moment. Encore ne pouvais-je pas en rester là.

Cette porte une fois ouverte, il fallait meubler la maison. Il fallait donner corps au message que la génération née pendant la guerre de 14-18 avait à cœur d'adresser à celle qui aborde le vingt et unième siècle et les nouvelles menaces qu'il couve.

Ce succès m'oblige. Outre la surprise d'avoir touché juste en ne mettant cependant sur le papier que quelques idées simples qui sont à mes yeux des évidences, j'en ressens quelque joie, évidemment. Une joie de vivre renouvelée à chaque fois qu'un public de jeunes auditeurs vient me poser ses questions anxieuses, auxquelles je finis immanquablement par répondre avec des poèmes.

C'est un moment étoilé. Le vieil ambassadeur tranquille se trouve confronté à une attente qu'il a lui-même provoquée. Voilà que maintenant je me suis rendu aux quatre coins de l'Europe – Varsovie, Düsseldorf, Madrid, Turin, Milan, Lisbonne – comme porteur d'un message assez violent, un message d'indignation qui revient à dire qu'il faut refuser l'inacceptable. Cela pourrait m'inspirer la crainte d'avoir été trop loin, de ne pas être à la hauteur de l'attente.

Pourtant, bien au contraire, c'est le moment où la vieillesse qui est la mienne (quatre-vingt-quatorze ans ans en cette année 2011 !) m'offre un ultime rebondissement, une nouvelle fenêtre sur le monde et mes contemporains. La vie que j'ai vécue justifie-t-elle cela ? C'est la question qui suscite ce livre : qu'y a-t-il dans cette longue vie qui me permette maintenant de porter un tel message ? Que sais-je ? Des hommes et des femmes, du monde et de l'amour ? Que sais-je de la science, de la philosophie, de la politique ? Que puis-je dire de ces rencontres merveilleuses qui m'ont donné le goût de l'admiration ; et que puis-je en tirer comme enseignement ? Que dois-je à ma famille, à mon enfance, à mon éducation sentimentale ? Le fait d'avoir été initié très jeune à l'amour de la poésie a-t-il un sens dans mes relations d'aujourd'hui, avec mes interlocuteurs, comme avec ces audiences aussi jeunes qu'attentives envers la parole d'un vieil homme qui ne s'est jamais pris pour un sage ?

Et justement, le fait d'avoir acquis trois langues différentes, mais qui me plaisent les unes comme les autres – chacune à sa manière –, facilite-t-il l'expression et la communication ? Certainement, et pourtant quel regret de ne parler ni l'espagnol, ni le russe, ni d'autres langues tout aussi séduisantes.

« Tournons-nous vers le passé, ce sera un progrès »

Cette citation de Verdi, soufflée au creux de mon oreille nonagénaire par Régis Debray, entre bien en résonance avec le retour sur moi-même qu'est l'exercice de ce livre. Car ce que je dis, après tout, n'a de signification que parce que c'est le résultat d'une longue vie, où j'ai connu, rencontré, découvert beaucoup de choses, fait des expériences très variées. Cette accumulation de mémoire humaine constitue un trésor de sens. C'est d'avoir traversé un siècle plein d'inventions, d'espoirs et d'horreurs, et d'avoir pleinement vécu cette aventure, qui fonde à présent ma légitimité. Parce que j'ai peut-être reçu de la vie une dette de sens – et que je peux me permettre de la rendre, aujourd'hui, à travers mon témoignage.

Entre éclipse de la durée, rupture du lien générationnel et société du spectacle, l'âge a pris une drôle de valeur dans nos temps modernes. L'expérience vécue semble parfois moins importante aux yeux de nos contemporains que celles qu'on n'a pas encore faites, pas encore embrassées. Dans son petit *Essai d'intoxication volontaire*, Peter Sloterdijk [1] parle de « déshéritage intégral », c'est-à-dire de « cette manière étrange dont les jeunes générations se détachent en un bond de leurs parents » – quitte à devoir ensuite tout réapprendre par elles-mêmes. La question se pose : qu'est-ce qu'un vieux bonhomme comme moi pourrait avoir à proposer au monde, et pourquoi faudrait-il l'écouter plus qu'un autre ? D'ailleurs, je n'ai pas vraiment la formation philosophique qu'il faudrait pour être un penseur en politique. Alors, forcément, on aura raison de considérer que c'est d'abord l'expérience plutôt que la force de la pensée qui fait la valeur de mes mots.

Il est peut-être temps, aujourd'hui, de faire les comptes. Cette question, je me la suis posée déjà à

---

1. Peter Sloterdijk, *Essai d'intoxication volontaire*, Paris, Calmann-Lévy, 1999.

plusieurs reprises ces dernières années. Pour la première fois en 1996. J'ai alors soixante-dix-neuf ans et les éditions du Seuil me demandent de raconter ma vie. Je ne suis pas « écrivain ». Cette façon d'être et de vivre, je la connais depuis l'enfance par mon père. Toute sa vie il s'est voué à l'écriture, et s'est presque tenu à l'écart de tout ce qui n'était pas littérature. Un sort admirable, mais pas enviable. Je me voulais, à l'inverse, engagé dans le fleuve du monde. J'ai donc beaucoup hésité. Devant l'insistance de Françoise Peyrot, directrice de collection au Seuil, j'ai accepté. Faire le compte, pour moi, c'était vivre mes quatre-vingts premières années comme une danse à travers un siècle, siècle qui touche à sa fin en même temps que mon existence sur terre et s'achève par une danse dont on ne sait pas si elle sera macabre ou joyeuse, si elle marque, dans la longue histoire des sociétés humaines, un crépuscule ou une aube [1].

Huit ans plus tard, j'ai fait les comptes une deuxième fois, sur un plan qui m'est tout particulièrement proche. Je vais avoir quatre-vingt-huit ans. Ce chiffre me fascine. Ces deux huit, si on les couche, deviennent deux infinis, comme est infinie la trame des quatre-vingt-huit poèmes que j'aime réciter parce que je les sais par cœur... J'ai avec Laure Adler une relation très « poésie ». Voilà qu'elle prend la direction des éditions du Seuil et qu'elle décide de publier mon livre *Ô ma mémoire* [2], une œuvre où se combinent un compte rendu des relations d'un homme avec la poésie, et une

1. Stéphane Hessel, *Danse avec le siècle*, Paris, Seuil, 1997.
2. Stéphane Hessel, *Ô ma mémoire : la poésie, ma nécessité*, Paris, Seuil, 2006.

anthologie trilingue composée de plus de trente poèmes français, d'une vingtaine de textes allemands et d'une autre vingtaine en anglais.

Cette fois plus encore la fin de ma vie se rapproche, et elle prend pour moi la forme bienvenue que Rainer Maria Rilke laisse entendre en nous décrivant comme des abeilles qui butinent le visible pour l'accumuler dans la grande ruche de l'invisible.

Mais la fin n'est pas encore là. Je croise, encore alerte, la barrière des quatre-vingt-dix ans et je deviens un survivant. L'un des survivants de plus en plus rares d'une mémoire soudain redevenue fondamentale, et à laquelle il faut donner tout son sens. Me voilà au plateau des Glières avec un message à adresser aux générations qui nous succèdent : résister, c'est créer. Créer, c'est résister.

Tous comptes faits, n'est-ce pas là le seul, le vrai message qui me convient, par lequel s'achève également mon livre d'entretiens avec Jean-Michel Helvig, *Citoyen sans frontières* [1] dont la dernière page est « La jolie rousse » – le poème de Guillaume Apollinaire dont le dernier vers dit simplement : « Ayez pitié de moi. »

Tous comptes sont-ils faits ? Pas encore. Une femme m'a entendu parmi les trois mille personnes rassemblées dans ce lieu exceptionnel, ce paysage savoyard superbe où vit pour nous le souvenir émouvant de nos camarades disparus. M'entendant proclamer le rôle essentiel, à chaque étape de notre histoire, des valeurs d'alors qui ne doivent être ni oubliées, ni violées

---

1. Stéphane Hessel et Jean-Michel Helvig, *Citoyen sans frontières*, Paris, Fayard, 2008.

comme il nous semble qu'elles le sont par trop de gouvernements comme le nôtre, Sylvie Crossmann, qui dirige avec Jean-Pierre Barou les éditions Indigène, décide de me faire travailler encore.

En quelques mois va naître de nos rencontres *Indignez-vous*, ce petit libelle dont la diffusion incroyable ouvre un nouveau chapitre dans ma vie : finalement, il y a encore à faire.

Et c'est encore une femme, Maren Sell, éditrice il y a vingt-cinq ans des traductions en français des livres de mon père, Franz Hessel [1], qui m'invita à formuler une sorte de traité sur la façon de mener une vie engagée à l'usage des jeunes générations. Ce fut au printemps 2010, quelques mois avant que je ne devienne une « bête des médias ». La présente tentative de faire ici les comptes de ma vie et du sens à lui donner… Je n'ose pas espérer qu'elle sera enfin la dernière.

---

1. Franz Hessel, *Romance parisienne* et *Le Bazar du bonheur*, traduits de l'allemand par Léa Marcou, Paris, éditions Maren Sell, 1987 et 1989.

Ecce Homo

Oui, je sais bien d'où je viens !
Inassouvi, comme la flamme,
J'arde pour me consumer.
Ce que je tiens devient lumière,
Charbon ce que je délaisse :
Car je suis flamme assurément !

Friedrich Nietzsche, *Le Gai Savoir*,
traduit par Henri Albert,
in *Œuvres complètes*, Paris,
Société du Mercure de France, 1901.

Refuser l'inacceptable

*Tous les êtres humains naissent libres et égaux
en dignité et en droits...*

Qu'ai-je donc appris que je puisse formuler et transmettre ? Avant tout qu'il est nécessaire et possible de
refuser l'inacceptable. Ceux qui s'étaient inclinés au
long de ces décennies, jugeant qu'il n'y avait rien à
faire, que ce soient les opposants incapables de s'unir
avant la prise de pouvoir ou les non-résistants après la
victoire des forces meurtrières, qui avaient renoncé,
jugeant leur combat perdu, quelque chose à tout jamais
leur aura manqué, et qui distingue l'homme dans sa
dignité.

Voilà le mot que je cherchais. Lorsqu'en 1948 les
rédacteurs de la Déclaration universelle des droits de
l'homme avaient tenté de caractériser la personne
humaine, le terme qu'ils avaient retenu parce qu'il
convient à toutes les religions et à toutes les philosophies est le terme de « dignité ».

C'est le concept qui inspire l'article 1er de ladite
Déclaration, et qui résume à mes yeux toute la problématique de notre monde contemporain : « Tous les êtres

humains naissent libres et égaux en dignité et en droits. Ils sont doués de raison et de conscience et doivent agir les uns envers les autres dans un esprit de fraternité. »

L'inacceptable, c'est l'atteinte à la dignité. Celle-ci ruse parfois, se fait passer pour un refus de l'autre parce qu'à celui-ci il manque quelque chose, qu'il est trop autre, trop incapable, légitimement sous-privilégié. Non, nul n'est jamais légitimement traité en inférieur. Un tel traitement est inacceptable. Et il est légitime de s'en indigner.

C'est là que l'indignation doit se chercher sa vraie voie, aboutir à un véritable engagement. Qu'elle reste à l'état de refus et elle s'étiole, devient colère, grincement de dents. Trouver ce qui mérite l'indignation est la première vocation que je me dois de transmettre à ceux qui vont faire face à ce nouveau monde si gravement mis en danger.

C'est une question de conscience.

« Le ciel étoilé au-dessus de ma tête et la loi morale au fond de mon cœur », ou le désir et la loi

L'exigence de conscience est complexe. Car il s'agit de quelque chose qui se développe, se cultive, s'entretient. À moins d'espérer une intervention transcendante sur le mode de la grâce éternelle, qu'elle soit dispensée sur le chemin de Damas, de Jérusalem, de Bénarès ou de Lhassa, ce qui manque sérieusement de courage et de réalisme, je pense qu'il faut s'attacher à se donner les moyens de faire émerger la conscience.

C'est d'une éducation à la conscience que nous avons besoin. D'un apprentissage doux et sévère à la fois, dans une dialectique du désir et de la loi. Dialectique du rêve et du réel, des « droits de l'homme » et de « l'autre homme », avec toutes ces limites et contraintes qu'il est bon de reconnaître autant que d'en éprouver la résistance.

Jean-Claude Carrière me signalait un jour à quel point il était pour lui illusoire, et somme toute dangereux, de faire le pari de la bonté de la nature humaine. Ainsi, estime-t-il, le mythe *rousseauiste* fait croire qu'il suffirait de laisser les hommes et les femmes agir comme ils veulent pour que tout aille bien, pour que soient éliminées les sources de corruption morales, c'est-à-dire les structures de pouvoir de la société.

Bien évidemment, il a raison de souligner que cela ne fonctionne pas : toutes les traditions entretiennent en même temps le geste d'ouverture et le bâton pour maintenir l'ouvert. Nous savons bien que nous ne sommes pas uniquement faits de bons sentiments. Nous savons bien que si l'on nous laissait agir, nous n'irions pas forcément dans la direction de la justesse, de l'équilibre, du partage, de toutes ces nobles notions que nous mettons toujours en avant. Et c'est bien ce constat qui nous impose de toujours rechercher la loi. Nous avons besoin d'un consentement à la loi.

Mais la loi ne tire sa force que des sources dont elle se réclame, des valeurs qu'elle entend défendre, des injustices dont elle compte nous protéger. C'est la légitimité qu'il faut pouvoir retrouver à sa base, car lorsque celle-ci fait défaut, la loi n'a plus droit au soutien de ceux qu'elle prétend encadrer. Les refus d'obéissance que j'ai observés récemment parmi certains de nos enseignants trouvent ici leur justification. Car il ne suffit pas que les gouvernements soient démocratiquement élus pour que toutes leurs décisions soient dictées par la conscience claire de ce qui est juste et de ce qui ne peut pas l'être.

On retrouve là la lucidité de Walter Benjamin dans ses thèses sur la philosophie de l'histoire. C'est aux plus marginalisés, aux moins respectés, aux plus démunis d'une population qu'il importe d'apporter le souci le plus essentiel dans la recherche du progrès. Ce mot de « progrès » ne peut convenir à l'accumulation ininter- rompue des bénéfices dont profitent les oligarchies dominantes, et dont le souffle vigoureux fait reculer dans l'épouvante l'ange aux ailes déployées représenté par Paul Klec dans son tableau *Angelus Novus*, dont Benjamin n'a jamais voulu se défaire.

Nous adressons spontanément nos reproches aux tyrannies, et nous chantons des louanges à ceux qui les font tomber. Mais il est moins évident et pourtant néces- saire de faire entendre avec suffisamment d'énergie nos critiques adressées aux démocraties modernes, lorsqu'elles se montrent insensibles aux besoins exis- tentiels des vraies victimes de lois qui sont proclamées afin de protéger avant tout la propriété des privilégiés.

D'où l'importance du rôle que jouent, aux moments les plus significatifs des avancées historiques de nos sociétés, les représentants directement issus du peuple, comme l'étaient les porteurs des « cahiers de doléances » lors des réunions de la Constituante de 1789. Comme le sont aujourd'hui les porteurs des « cahiers d'espérance » réunis à l'appel de Claude Alphandéry pour élargir le champ de l'économie sociale et solidaire, vraie réponse à la dictature insup- portable du marché.

Comme l'étaient, en pleine occupation étrangère de la France défaite, les membres du Conseil national de la Résistance réunis par Jean Moulin pour rédiger le programme que j'ai à nouveau défendu au plateau des Glières, parce que ses valeurs sont aujourd'hui en danger. Ces résistants et résistantes n'avaient d'autre mandat qu'une tâche à accomplir qui s'adresse à tous sans distinction hiérarchique et qui émane de leurs seules convictions. Comme l'étaient, dans les années qui ont suivi, la plus abominable des tueries modernes sous le IIIe Reich, les membres de la commission chargée de rédiger la Déclaration universelle des droits de l'homme, choisis pour leur seule compétence et non désignés par leurs gouvernements.

Voilà pour les hommes, mais quid de la planète ? À l'époque de la Déclaration universelle des droits de l'homme, nous n'avions pas conscience que notre responsabilité devrait concerner l'être dans son ensemble, et pas seulement la façon dont les sociétés humaines se comportent les unes envers les autres. Nous étions peut-être trop empreints des aspects malheureux de la tradition judéo-chrétienne, qui conçoit l'homme comme à la fois créé par Dieu maître de la Création, et non comme parcelle de la nature créée. Alors le risque de démesure est fort.

Jean-Claude Carrière cite parfois les paroles de la Genèse justifiant l'exploitation de la nature par l'homme. Il est possible qu'il y ait en nous, dans notre tradition occidentale, encore ce sentiment de suprématie de l'homme sur la nature très différent dans les religions d'Asie. L'Église, par la suite, a essayé de rattraper les conséquences de cet « hybris » prométhéen. Mais, d'une part, son influence s'est considérablement réduite, et d'autre part son retard en la matière est difficilement surmontable. Pensons encore à ce que disait l'encyclique *Syllabus* du pape Pie IX au XIXᵉ siècle : tout ce qui vient des idées nouvelles est à rejeter ; il faut s'en tenir aux paroles anciennes. C'est affolant. Et ce n'est pas si vieux que cela, 1864.

C'est l'argument d'autorité par excellence. Si nous nous en tenons à ces paroles bibliques, strictement, nous sommes perdus. Car nous ne pouvons pas dominer la terre sans nous détruire nous-mêmes. Il faut arriver à accepter cette logique ; il n'est pas nécessaire d'être bouddhiste pour reconnaître que la Terre, c'est aussi l'Homme, et réciproquement. Milan Kučan, président de la Slovénie, aime à citer Karl Marx : dans le conflit entre la Nature et l'Homme, nous savons qui est le coupable.

Le Savant, le Marchand et le Politique

Le refus de l'inacceptable n'est qu'un premier pas. Doit suivre l'indispensable progrès des mentalités, l'évolution vers une réelle conscience collective, animée par une pensée créatrice. Il faut dire qu'à entretenir une relation intellectuelle étroite avec des penseurs comme autrefois Benjamin, Adorno, Sartre ou Merleau-Ponty, comme aujourd'hui Sloterdijk, Carrière, Debray, Morin – et encore, je ne les cite pas tous –, je suis frappé de voir combien des cheminements scientifiques, politiques et poétiques si différents peuvent à ce point converger vers un appel à une prise de conscience des problèmes et un rappel de l'essentiel.

Qu'il y ait un certain effet d'optique induit par les affinités électives des cercles d'amitié, je veux bien l'entendre. Mais en même temps, on ne m'ôtera pas de l'idée que l'humanité, en tout cas dans sa partie occidentale, est à l'orée d'un nouveau saut qualitatif, à la fois moral et scientifique. Et que la crise morale et politique que nous traversons n'y est pas étrangère. Seules la peur de l'inconnu, la crainte du changement, la réticence à embrasser « ce qui arrive », pour parler comme Heidegger, nous maintiennent encore dans un déni conservateur et frileux.

Contemplons un instant l'état des sciences. Ce qui a progressé le plus au cours des vingt ou trente dernières années, c'est la science : elle a fait des progrès fantastiques. On a désormais sur l'être, sur le monde, sur la matière, des renseignements beaucoup plus détaillés et forts. Et cependant le savant n'est pas un modèle qui inspire seulement l'estime énorme, car il fait passer au premier plan le plaisir de la réussite de son invention ou de sa découverte, sans se poser la question du danger. C'est souvent un enfant qui joue avec des billes qui sont en fait des bombes. Comme le rappelle Sloterdijk, que nous le voulions ou non, nous sommes aujourd'hui les gardiens du feu nucléaire et du code génétique. Et il faut penser notre rapport aux sciences et techniques à l'aune de cette connaissance qui fait de nous d'improbables démiurges.

Exemple par excellence : la bombe atomique n'est pas un problème scientifique, mais une question politique. Hiroshima hier, puis Tchernobyl et Fukushima, sont d'abord et avant tout de graves problèmes pour l'humanité ; comme les cellules souches, la biogénétique, le clonage, les OGM, etc.

Si cela va trop loin, il faut refuser l'inacceptable et c'est une question de conscience que le Politique doit définir et incarner. En matière nucléaire, par exemple, la question n'est pas de savoir s'il est techniquement et scientifiquement possible, raisonnable ou non, d'envisager un risque nul – la question est plutôt de savoir si une communauté est prête à assumer collectivement le risque que représente le nucléaire. Et cela, c'est par excellence le rôle du Politique.

Le Savant n'a pas à se substituer au Politique et le Politique n'a pas à démissionner devant le Savant. Surtout si dans le couple, le Marchand s'est invité et s'ingénie à les jouer l'un contre l'autre dans l'espoir d'un profit substantiel. Quel est le rôle que joue la science aujourd'hui ? Et quel est le rôle que l'on veut lui faire jouer pour des raisons d'intérêt ? Voilà une interrogation indispensable.

Je n'y ai pas les réponses définitives, bien sûr. Et je suis tenté de me référer à la citation bien connue : « Science sans conscience… » Ce n'est pas la science qui est aliénante, mais la scientifisation de tout ce qui nous entoure. Elle est dangereuse car elle tend à faire disparaître le désir de chacun à rechercher son harmonie. J'entretiens une certaine méfiance, depuis quelques années déjà, à l'égard du mot « science » dès qu'il s'agit d'en faire le guide qu'elle n'est pas. Trop souvent, notre rationalité se défausse sur la preuve scientifique et se dispense de la nécessaire réflexion sur le monde dans toute sa complexité. Il faut que la chose soit scientifiquement prouvée, sinon elle n'existe pas. Où sont l'« *homo ludens* », l'« *homo demens* », dont parle Edgar Morin dans la *Méthode* ? Où sont toutes ces choses qui n'appartiennent pas à proprement parler au champ des sciences ? Mais surtout, que deviennent nos capacités à penser le monde que nous ouvrent toutes ces découvertes ?

Ce que j'entends rapporter sur les nanosciences, par exemple, m'inquiète. Je me dis que le raisonnement totalisant de l'économie financière de ces trente dernières années n'a pas disparu et se trouve malheureusement prolongé par une nouvelle forme de scientisme qui prétend : « Nous avons réponse à tout, et les États n'ont qu'à nous laisser tranquilles. Tout va se régler comme du papier à musique. » À condition bien sûr de garder la partition pour eux.

Je déplore l'absence de débat public sur les grandes orientations des financements, et surtout sur l'application de nos découvertes scientifiques.

J'y retrouve à la fois la prétention du matérialisme historique et du socialisme scientifique, la dérive technocratique comtienne et l'oppression du système marchand, toujours avide d'élargir son champ d'action – dont le vivant représente la dernière frontière. Jamais la friction entre faits et valeurs n'aura été aussi lourde de conséquences que dans notre monde contemporain. Chacun de leur côté, Edgar Morin et Peter Sloterdijk rappellent qu'aujourd'hui la science est devenue une force formidable, mais qu'elle s'est défaite de toute régulation éthique, et que la régulation politique semble hésiter entre prohibition stupide et encouragement aveugle.

Il y a une deuxième limite – plus poétique cette fois –, soulignée par Morin dans ses livres : grâce à la science, nous avons découvert des choses inouïes sur l'univers, le réel et la vie, mais toutes ces connaissances merveilleuses débouchent sur un mystère profond. Nous savons que l'univers est issu d'une sorte de déflagration, mais d'où ? De quel vide ? On ne sait pas. Quel est le réel du réel à l'aune de la micro-physique ? Où est la matérialité qui se dissout ? Quelle est l'origine de l'univers, sa finalité, pourquoi la vie est-elle apparue ? Pourquoi l'être humain *est*-il ?

Il y a tant de mystères. Mais inexplicable ne signifie pas impossible.

Dans ses livres et en particulier dans la série de *La Méthode*, Morin développe une vision originale et féconde de l'avenir du cerveau. Aussi bien dans l'étude du cerveau proprement dit qu'à partir de la cybernétique et de la théorie de l'information, il souligne une fascinante convergence d'approches pour comprendre comment fonctionne cette machine que nous avons sous notre crâne. L'erreur selon lui est de penser que l'on peut orienter la recherche vers un seul objet ou champ d'étude. Parce qu'on se rend compte d'une chose paradoxale : notre esprit s'exprime à travers des mots mais nos neurones s'expriment à travers des échanges électro-chimiques. Il y a donc un rapport complexe entre le langage cérébral et le langage de l'esprit. Réduire l'esprit au cerveau est une erreur.

Ce qu'on peut dire, en revanche, c'est que dans des conditions culturelles données, le cerveau humain peut permettre qu'émerge un esprit capable de parler, d'exprimer des sentiments. On en prendra pour preuve les multiples cas d'enfants-loups, d'enfants abandonnés, qu'on retrouve à l'état de primates en raison de leur isolement hors de la société et du rapport avec leurs semblables. N'ayant pas appris à parler, ils nous démontrent *a contrario* que c'est du contact entre une culture, un langage, un savoir, un savoir-faire et leurs possibles imprégnations dans le cerveau qu'émane l'esprit. La culture est un cocon, une matrice, le lieu où peut se développer ce programme ; pas une identité rigide et fermée qui justifierait toutes les lâchetés conservatrices, les rejets phobiques et les agressions pathologiques.

On peut regretter avec Morin que les neurosciences contemporaines n'aient pas encore réussi à se coordonner, restent relativement juxtaposées, à la manière des autres sciences, ce qui ne facilite pas la recherche. Mais nous savons déjà des choses passionnantes. Ainsi, l'imagerie cérébrale de moines bouddhistes en état de méditation pleine, permet de visualiser objectivement le fonctionnement du cerveau lors de cet exercice d'ascèse : les centres cérébraux qui déterminent la séparation entre le moi et le non-moi sont inhibés. Fascinant. C'est comparable au moment de l'extase amoureuse où l'individu se perd en s'accomplissant. On y retrouve la leçon première de la complexité humaine. Cette leçon du Savant est pour le Politique – il faut espérer qu'il la comprendra avant le Marchand !

Sortir de l'impasse : penser la totalité de la vie

Le règne du Marchand, c'est le règne du calcul. Il faudra nous montrer capables d'en sortir. Car l'être humain est impossible à appréhender dans sa totalité si l'on s'en tient à la mesure. Il y a mille façons de le sonder objectivement : électroencéphalogrammes, mesures physiques, psychanalyse…, mais notre réalité échappe aux calculs. La vie, la mort, la morale, l'amour, la haine échappent au « règne de la quantité ».

La supériorité de l'art est là. Dans la poésie et sa nature transgressive, dans le théâtre et sa représentation cathartique du réel, dans le cinéma et sa mise en scène onirique de l'imaginaire, et surtout dans le roman qui synthétise toutes ces catégories. Le roman va plus loin que les sciences humaines, la psychologie, la sociologie : il met en scène des êtres concrets dans leur subjectivité, dans leur milieu… C'est Ernesto Sabato qui disait en substance que, de nos jours, le seul observatoire d'où l'on puisse considérer la condition humaine dans son entier, c'est la fiction romanesque.

Il me semble que la poésie également, davantage que la science, nous révèle ce qu'il y a de plus profond et de plus nécessaire en nous : ce battement du cœur qui contient le monde, et que tous les êtres ont en partage. Écoutons donc les recommandations d'un sage comme Morin. Reconnaissons les limites de la vérité des sciences et leur point aveugle : même les scientifiques, qui connaissent les moyens d'objectiver tout ce qu'ils touchent, sont incapables de connaître leur propre subjectivité, de se connaître eux-mêmes. C'est ce que Husserl avait laissé entendre dans une magnifique conférence de 1930, en disant qu'il y a un trou noir dans l'esprit des scientifiques : « Ils ne savent pas qui ils sont. Ils connaissent les objets mais ils ne savent pas ce qu'ils font. »

Et n'oublions pas : la science est une formidable aventure humaine dont le cap n'est pas fixe. Définir sa direction n'est pas l'apanage du seul Savant. Il doit associer le Poète, le Politique, le Citoyen, le Moraliste, le Philosophe.

Merleau-Ponty à l'ENS professait, dans un anti-cartésianisme très marquant, que l'être humain est un composé indissociable de corps et d'esprit. C'est une pensée forte qui m'est restée chère, et qui me permet de vivre mes relations avec les autres dans leur plénitude, que ce soit avec des êtres aimés ou lors de simples rencontres. Je suis sensible à la fois aux échanges formulés par l'intellect, mais aussi à l'émotion, à ce qui fait chaud au cœur et pas seulement réfléchir.

Merleau-Ponty était un grand philosophe qui avait l'avantage de mettre l'accent sur ce qu'il appelait « la chair ». Assurément, beaucoup trop de penseurs considèrent que l'abstraction de leur propos est la marque du sérieux de leur pensée. Et ils en oublient le réel, le corps… Kierkegaard, raillant la philosophie hégélienne, s'amusait : « Le Herr Professor sait tout ce qui existe dans le monde, mais il ne sait plus qui il est lui-même. » Pourtant cette mise en garde contre le fait d'abstraire la personne, son être-dans-le-monde, est déjà présente chez Socrate.

À l'évidence, la philosophie peut produire sa propre dégénérescence, qui consisterait à s'éloigner complètement dans les territoires arides de la conceptualisation, et à devenir sourde aux pulsations de l'âme. Je pense qu'aujourd'hui l'art de vivre ne peut plus être limité comme autrefois à un postulat de sagesse, puisqu'il est avéré que nous avons en nous un grand potentiel de folie. Reconnaissons-le : une vie totalement raisonnable n'est ni possible ni souhaitable. La vérité de l'existence réside dans l'union inséparable de la raison et de la passion. Autrement dit : pas de passion sans raison et pas de raison sans passion.

Quant à la dégénérescence de la discipline philosophique, elle est bien résumée par cette formule perfide et impertinente de Sloterdijk : « Aujourd'hui la philosophie contemporaine est au sommet de son art quand elle nous explique comment elle dirait les choses si elle avait quelque chose à dire. » Sévère, mais juste.

Pourtant son apport est doublement fondamental : d'une part, elle donne les moyens de remettre en cause ce qui jusqu'alors semblait des évidences ; et d'autre part, elle s'efforce d'établir une certaine conformité entre vie active et vie contemplative. Cette cohérence serait finalement le résultat d'une vie humaine vécue dans sa plénitude. Et un garde-fou face aux cyniques car elle signerait le retour au sens de l'honnête homme des humanistes.

Ce qui cherche le jour

Refuser l'inacceptable, c'est évidemment refuser le monde tel qu'il est. Albert Camus disait : « S'il y avait quelque chose à conserver dans notre monde, je serais conservateur. » Évidemment, certains acquis sont précieux, et il est hors de question d'accepter leur remise en cause. Mais refuser l'inacceptable n'est pas simplement s'opposer à un état de fait : c'est lutter pour y substituer quelque chose de meilleur, qui serait plus en accord avec les valeurs de liberté et de dignité humaines. Mais qui doit en permanence être inventé.

Alors il faut faire appel à la créativité humaine. Il est vain de prétendre bâtir le monde pour les autres par des théories en kit, en espérant qu'ils seront saisis d'illumination à la lecture de nos plans géniaux. Le vrai défi, aujourd'hui, est d'accoucher concrètement ce nouveau monde de demain, d'aider à faire advenir ce qui cherche le jour. Partout, cette prise de conscience est en cours, l'inventivité humaine est à l'œuvre – on trouve des mouvements coopératifs, mutuels, plus ou moins auto-gérés, vivant de solidarité écologique, d'agriculture biologique, etc. Ce monde est vivant, mais il est dispersé et ignoré. Ignoré par les administrations, par les partis politiques, par les systèmes dominants. Tous ces mouvements citoyens restent à la marge ou ne sont pas encore assez solides pour résister victorieusement aux tentatives d'assimilation, de normalisation, de régularisation qui découlent du système capitaliste. Le vrai défi est donc de faire connaître, reconnaître et partager toutes ces expériences, pour qu'elles se mettent en synergie et irriguent un vaste mouvement de réformes. Je crois comme Edgar Morin que, dans le fond, tout est à réformer. Pas seulement les administra-tions et les institutions sclérosées, bureaucratisées, pas seulement l'économie, le système financier, la distribu-tion mais tout, l'alimentation, la consommation : c'est notre vie entière qu'il faut changer. Et toutes ces réformes, y compris celles de l'éducation et de la pensée, sont interconnectées, intersolidaires – elles doivent toutes se mener de front, et surtout ne pas se perdre et s'isoler les unes des autres. C'est ce que l'expérience de l'URSS nous a montré : changer totale-ment l'économie, finalement, ne change rien aux mœurs, ni aux hommes ni à rien – au contraire : le résultat, c'est la formation d'une nouvelle dictature.

L'idée, c'est donc de contribuer à la transformation de nos existences, de créer des voies multiples qui s'uniraient dans une voie conduisant à une métamorphose.

Ce sont là les prémices d'une politique de l'espé-rance – j'avais là d'ailleurs signé un vibrant appel

« pour une politique de l'espérance » pendant les élections européennes de 2009, en compagnie de Peter Sloterdijk et de Paul Virilio, qui en appelait aux inépuisables ressources de la créativité et de l'espérance dans l'homme. Parce qu'on ne peut rien faire sans espérance.

Hélas, il semblerait que les aînés soient découragés de s'être tant trompés dans l'histoire, et que les plus jeunes ne sachent plus trop à quoi se référer tant ils sont désorientés. C'est toute l'ambition de la démarche d'Edgar Morin : montrer qu'il est possible de tracer un but, de pointer un objectif, une perspective qui fait sens. Montrer la voie aux initiatives multiples et aux nombreuses bonnes volontés pour qu'elles prennent conscience de leur originalité et de leur force en s'unissant. L'indignation était une première étape, nécessaire et insuffisante. Ensuite il faut une pensée, une perspective, une volonté de faire autrement.

Attention – je ne suis pas en train de dire que *La Voie*[1] ait vocation à remplacer la Bible. Il s'agit d'une contribution, d'une proposition, d'une suggestion, comme la présente son auteur lui-même. Il s'agit d'une invitation à inventer l'inconnu, à découvrir le potentiel humain. La véritable création ne sait pas ce qu'elle va produire. Imagine-t-on le *Requiem* avant que Mozart l'ait écrit et fait jouer ? Imagine-t-on que de ces sociétés de chasseurs-cueilleurs allaient germer nos villes et nos civilisations à peine dix mille ans plus tard ? Le futur ne s'écrit pas dans un programme politique qui ne serait qu'une « to-do list » pour administrateur besogneux.

1. Edgar Morin, *La Voie*, Paris, Fayard, 2011.

C'est une erreur de croire que l'histoire humaine s'épuise en huit mille ans, depuis les débuts du Néolithique ; on a vécu cent cinquante mille ans de préhistoire. Nous avons besoin de profondeur historique pour mesurer cette certitude de l'improbable et le sens de la métamorphose à venir. Finissons-en avec Fukuyama et son maladroit fantasme hégélien d'une fin de l'histoire par la grâce de formules magiques au doux nom de « démocratie libérale de marché ». Bien au contraire, il est temps de concevoir l'histoire moins comme un fil tendu d'un bout à l'autre du temps, entre une origine incertaine et une fin eschatologique, et davantage comme un ruban serpentant, enroulé dans une spirale qui évoquerait la double hélice de la vie.

Nous sommes en train d'inventer une sorte d'au-delà de l'histoire. Morin parle de « métahistoire » inscrite dans le mouvement de la créativité humaine. Le monde est en mouvement, profond, tectonique, imprévisible. L'improbable survient. Le nouveau est en train d'émerger et nous allons sortir de cet « âge de fer » planétaire, évoqué hier par Voltaire, et où nous sommes toujours. Il y a donc urgence à la réforme de la connaissance, celle de la pensée, de l'esprit, et donc aussi à la réforme de l'éducation, sans laquelle les autres ne sont pas possibles et inversement. Morin insiste là-dessus et son cheminement me correspond bien. D'un côté la volonté de revoir de fond en comble toutes nos « certitudes », et de l'autre la foi dans l'improbable.

Cette foi en l'improbable, j'en ai fait l'expérience, à mon échelle individuelle. C'était pendant l'été 1940 à Marseille. Cet été meurtrier, terrible et humiliant, se présentait comme la fin des démocraties. La France battue, l'Angleterre presque envahie, la Russie basculée du côté nazi (et démontrant ainsi toute la perversité de son système de démocratie réelle)… Nous avions perdu la chance de faire triompher cette démocratie dont nous gardions pourtant le sentiment qu'elle était, après tout, la seule victoire de cette boucherie ignoble de la Grande Guerre. Le désespoir était plutôt à la mode. Et c'est à ce moment-là que j'ai retrouvé Walter Benjamin.

Nous avons eu l'occasion de passer quelques heures ensemble à Marseille, et je me souviens très bien que j'avais l'impression d'avoir affaire à quelqu'un de déprimé, qui ne croyait plus, qui n'avait même plus vraiment envie de trouver une issue. Alors que moi, du haut de mes vingt-trois ans, je lui disais que tout irait bien, que les choses allaient s'organiser, s'arranger. J'avais en tête l'appel du général de Gaulle, auquel je comptais donner suite. Je lui ai professé la certitude de l'improbable, avant l'heure. Tout ce que nous ne savons pas, mais qui va advenir. Rien de précis, de défini évidemment – mais il me restait le sentiment qu'il ne peut pas y avoir de perte définitive de l'espérance.

C'est un sentiment qui m'a accompagné tout au long des déboires que j'ai eus pendant la guerre, où j'aurais dû laisser ma peau, et même, bien plus tard, au cours de périodes qui m'ont paru terribles, comme les années 1980 (Thatcher et Reagan) où l'économie financière libérale envahissait et submergeait tout, grignotant ce pour quoi je m'étais battu.

38

Si l'espérance est notre ennemie,
qu'en est-il de la révolution ?

Jean-Claude Carrière est plus sceptique que moi. Il considère qu'il faut se méfier de l'optimisme et invite à suivre la Bhagavad-Gita, qui dit : « L'espérance est notre ennemie. » Car si nous espérons que quelque chose va arriver hors de nous, nous pouvons longtemps l'attendre… S'il y a un espoir, insiste-t-il, il ne peut être qu'en nous-mêmes, dans notre travail au quotidien. « Soyons le changement que nous voulons voir advenir dans le monde », disait Gandhi.

Songeons également à Thucydide qui, péremptoire, nous enjoint de choisir : « Ne rien faire ou être libre. » C'est-à-dire qu'être libre est une lutte constante. Si on ne fait rien, on va être englouti par l'avidité, l'ambition, toutes les mesquineries et médiocrités qui nous entourent. Nous serons absolument avalés, engloutis, et nous irons jusqu'à la crise mondiale. Il faudrait donc, à l'échelle modeste de nos petites voies, travailler et lutter inlassablement. C'est la première condition. Et commencer par notre propre jardin. Car la pire des choses serait que nous soit un jour imposé ce que nous hésitons à faire aujourd'hui : les immenses bouleversements nécessaires.

Pour prendre l'exemple des révolutions arabes, il est évident qu'il faut saluer la chute des tyrans et l'aspiration des peuples à la liberté, des peuples qu'on avait condamnés culturellement et politiquement à subir encore longtemps le joug de leurs raïs prédateurs. Mais le vrai défi est maintenant : comment profiter de ce moment historique de changement sans retomber dans les mêmes problèmes qu'auparavant ? Que va-t-il se passer ? Où sont les juristes, les législateurs nécessaires qui doivent être là tout de suite ?

Dans mon petit livre à succès, j'ai par exemple tenté de mettre en regard exaspération et espérance. Mais il me semble que l'exaspération est une façon de rendre un problème insoluble. C'est à l'intérieur de l'exaspération qu'il y a la possibilité d'une espérance ou, disons, d'un engagement. Ce que Sloterdijk appelle l'« exercice », l'« ascèse ». L'ascèse peut justement être une façon de renoncer à beaucoup de choses inutiles pour se concentrer sur certaines – et je suis convaincu que ce genre d'exercice est une notion qui ne peut que résonner favorablement avec le bouddhisme. Car il y a là la prise de conscience que les problèmes qui nous sont posés ne sont pas là pour être résolus mais pour être, en somme, acceptés, digérés, lentement intégrés afin de devenir des solutions.

Mais dans un même mouvement, ces problèmes peuvent aussi nous tourmenter, nous choquer, nous bouleverser. Et il n'est pas possible de ne pas réagir. Après tout, il y a cela dans l'une des phrases fondamentales que l'on attribue au Bouddha et qui est la base même du bouddhisme (on la retrouve dans toutes les écoles bouddhiques de tous les pays de tous les temps) : « Attends tout de toi-même. » Ce fut aussi « *Gnothi seauton* », « Connais-toi toi-même », l'impératif du temple d'Apollon à Delphes.

Selon Jean-Claude Carrière, il ne pourrait pas y avoir d'autre forme d'espérance. Car aucune transcendance ne viendra résoudre nos problèmes. Et à partir du moment où l'on espère en une aide extérieure, venue d'une puissance transcendante ou surnaturelle, on est perdu.

La réaction la plus courante face aux situations inacceptables, dans nos esprits occidentaux, c'est l'idée d'une révolution. Une certaine jeunesse, à différents moments historiques, a eu tendance à penser que la révolution était l'alpha et l'oméga de l'action politique. À ce sujet, je leur conseillerai volontiers de s'intéresser au récit que fait Dany Cohn-Bendit de « sa » révolution de mai 68. Mais je crois qu'il peut y avoir d'autres formes de passage à l'acte, qui ne se font pas dans la rue mais par le concours d'hommes et de femmes bien intentionnés et instruits qui mettent en place une législation plus juste.

Tout d'abord, qu'est-ce que la « révolution » ? Et la « réforme » ? La « non-violence » et le progrès par la non-violence ? Qu'on me pardonne d'enfoncer ce genre de portes ouvertes, même si c'est un lieu commun, j'insiste sur le fait que le bilan des révolutions du XXe siècle n'est pas bon. Il est clair maintenant que ces mouvements, quelles que soient leurs légitimités et leurs justifications, ont plus souvent abouti à des excès, à des despotismes, tyrannies, dictatures au nom d'idéologies qui se voulaient, sans doute, grandioses pour tous les hommes du monde. La révolution russe a été une phase, un idéal, et par là, elle a apporté beaucoup à la conscience des hommes. Mais son actualisation dans l'oppression totalitaire n'a rien d'enviable et il faut condamner les goulags avec la même véhémence que tous les camps où la torture est pratiquée. L'idée de révolution a ainsi perdu de son attrait.

Le désespoir surmonté

J'ai dit « indignez-vous » et ce fut entendu, mais au fond, mon message le plus juste aux générations à venir serait celui du courage et de la résilience. Bernanos disait : « Ce qu'il nous faut, c'est l'espérance. Et la plus haute forme d'espérance, c'est le désespoir surmonté. » Et c'est vrai : face à l'inacceptable, l'indignation ne suffira pas. Pas simplement parce que Spinoza a raison quand il considère que c'est une émotion malsaine puisqu'elle comporte de la haine : il recommande d'ailleurs de « ne pas s'indigner, ne pas se moquer, ne pas pleurer mais comprendre ». Il est évident qu'on peut imaginer un raciste xénophobe s'indigner devant le nombre d'étrangers dans son pays : il y a mille indignations tout à fait stupides, ridicules ou malsaines.

C'est seulement quand elle débouche sur une entreprise que l'indignation est valable. Même Spinoza admettrait que la compréhension doit s'accompagner d'émotions, pourvu qu'elles soient sous le contrôle de la rationalité, et ceci y compris pour l'indignation. L'indignation en soi n'est pas un signe de lucidité, elle doit être accompagnée d'une juste compréhension de ce qui mérite qu'on s'indigne. Elle ne peut pas s'affranchir de l'intelligence du monde – sinon, elle tourne à vide.

Je reste interloqué par la rapidité avec laquelle mon petit éloge de l'indignation a rencontré ce formidable succès. Et s'il faut reconnaître combien ce sentiment a touché au plus juste dans la société française – et bien au-delà encore –, il ne doit pas constituer un point d'orgue, mais un point de départ.

Dans une société comme la nôtre, les (bonnes) raisons de s'indigner sont nombreuses. Mais il serait malhonnête de laisser croire que l'indignation suffira pour améliorer une situation. J'ai essayé d'exprimer dans quelques-uns des paragraphes d'*Indignez-vous* que la non-violence est une politique, une stratégie indispensable si l'on veut faire cesser les causes d'un conflit.

L'indignation est néanmoins le premier pas : se réveiller, prendre conscience, sortir d'une certaine indifférence plus ou moins résignée, voire d'un certain découragement, pour se dire qu'il est possible de résister, de lutter contre ce qui nous soulève le cœur. Mais ce n'est jamais qu'une étape dans la pensée, un signal d'alarme, « le début d'une voie ». Ce moment d'un sursaut ne doit pas empêcher l'autre mouvement : celui de la confiance dans l'évolution. Nous ne devrions jamais sous-estimer notre capacité à accomplir de grandes tâches justes et importantes. C'est ce que je ne cesse de communiquer à mes enfants, mes amis, mon entourage. Qu'importe si les efforts n'aboutissent pas encore, si l'engagement dans telle ou telle cause n'a pas été couronné de succès, si l'ouvrage doit être remis sur le métier…

Il faut alors se dire que ce n'était qu'une étape, un moment peu opportun, et que les circonstances peuvent évoluer et devenir plus favorables. Je ne nie pas que cela soit difficile à accepter. Là se loge ma tristesse. Ma tristesse, c'est que j'arrive à peu près à m'exprimer, mais pas à transformer mes paroles en réalité. J'ai été associé à beaucoup de médiations internationales et la plupart du temps, ces médiations ont d'abord échoué, puis ont été reprises une deuxième fois, puis une troisième…

Et je m'aperçois qu'elles sont encore inefficaces, sans effets décisifs. Le passage du discours à la réalité est évidemment très dur, surtout pour quelqu'un qui n'est pas un politique, qui n'est pas même homme d'État. Je suis donc obligé de me dire, avec un fort degré de modestie de ma part, que ceux qui vont peut-être lire ce livre se rendront compte qu'il ne suffit pas de mettre en avant des messages d'espoir et de confiance, qu'il faut encore qu'ils soient repris par des hommes et des femmes courageux, qui ne se laissent pas abattre par les difficultés qu'ils vont immanquablement rencontrer, s'ils veulent peu à peu rendre plus réelles ces valeurs auxquelles je suis profondément attaché.

Face au chaos, le courage de la résilience

Pour illustrer le refus de la résignation, revenons sur l'histoire récente, notamment sur la dernière décennie du XXᵉ siècle, entre la chute du mur de Berlin et l'élection de George W. Bush. De nombreuses causes ont progressé. Il y a eu la conférence de Rio en 1992, celle de Vienne en 1993, puis Copenhague en 1994 et Pékin en 1995. Lors de ces sommets mondiaux, tous les États du monde étaient représentés et ils ont constaté et démontré que l'on pouvait progresser sur l'environnement, sur les droits de l'homme, sur la place et le rôle de la femme.

Ces dix années ont enfin commencé à faire progresser la prise de conscience mondiale des grands défis. C'est notamment dans cette période que l'on s'est rendu compte à quel point le problème de l'environnement était désormais capital. Certains pensent que les années 1990 ont marqué un début de dégradation des consciences, entre individualisme forcené et perte des idéaux. Mais ce n'est pas ce que j'ai vécu.

Il est certain que, pendant que la découverte de la liberté triomphait en Europe centrale et orientale, le libéralisme conquérant emmenait, malheureusement, l'économie financière mondiale dans le sens de l'école de Chicago, vers une dérégulation accélérée.

En 1993 s'est tenue à Vienne la dernière conférence des Nations unies sur les droits de l'homme, à l'occasion de laquelle j'ai eu le privilège de présider la délégation française. C'est le lieu où les pays du Sud affirmèrent crânement aux pays du Nord leur « droit au développement », qui jusqu'ici n'était considéré par les pays développés, États-Unis en tête, que comme un abus de langage et tout le contraire d'un droit. Mais c'est dans la prise de conscience du droit que s'est jouée cette reconnaissance, lorsque les pays du Sud ont fait valoir que les pactes des pays du Nord considéraient le droit au travail, au logement, à la santé, comme universel et devant être respecté partout dans le monde. C'est l'Américain Jimmy Carter, président cette année-là, qui a accepté que le droit au développement soit considéré comme un droit inaliénable.

Ce fut une petite concession au regard de la situation dramatique du Sud, mais qui avait une signification énorme, car elle signalait la volonté de reconnaître l'interdépendance, la volonté partagée d'habiter cette planète en commun. Par ailleurs, la tendance était plutôt négative, vers moins de considération pour les problèmes du Sud, moins de considération pour une économie sociale et régularisée. Mais de Rio à Seattle, on a su adopter des textes (ou en refuser, d'ailleurs) dont l'esprit était progressiste, comme l'Agenda 21 adopté au sommet de la Terre de Rio en 1992, ou le protocole de Kyoto en 1997. À chaque fois, le progrès a semblé très léger, et l'esprit des textes pas toujours respecté par la suite. Mais enfin le texte, le programme, est là. C'est un peu la même chose pour la Déclaration universelle, elle non plus n'est pas appliquée. Mais elle existe ; et il y a des gens partout, des citoyens, des organisations non gouvernementales qui s'en réclament et exigent qu'elle soit appliquée.

Après ça, il y a eu cette décennie qui vient de s'achever. Quel recul. Ouverte pendant l'élection confuse de Bush Junior, bientôt suivie par le fracas terrifiant de l'effondrement des tours jumelles à New York, cette période des années 2000 à 2010 est déprimante. J'ai le sentiment que nous y avons subi de terribles sottises et des fautes impardonnables accumulées par la plupart des pays les plus puissants de cette planète. Je passe sur le paradoxe de l'Europe qui a naïvement cru être déjà assez forte pour s'élargir à ce point sans risquer de se dissoudre. Les Américains ont porté à leur tête pour huit ans un homme dont le moins qu'on puisse dire est qu'il était dépourvu de bon sens. Nous avons vu l'Afghanistan, puis l'Irak, devenir le terrain de jeux de la bêtise néocoloniale. C'était une période véritablement terrible – un vaste *Ground Zéro* de la pensée et de la politique internationale.

Si, contemplant l'image de l'*Angelus Novus* de Paul Klee cher à Walter Benjamin, nous nous disions : « Voilà, le progrès arrive et il nous repousse. Et ça va aller de plus en plus mal », nous aurions de bonnes raisons d'être très découragés. Alors il est opportun d'invoquer Friedrich Hölderlin, à mes yeux le plus grand poète allemand : « Là où croît le danger, croît aussi ce qui sauve. » Est-ce se réfugier dans une forme d'utopie confortable et paresseuse de la part d'un vieil homme qui n'a plus que quelques années à vivre ? Plutôt un message de confiance qui sonne si juste à mes oreilles…

Le pire n'est pas toujours certain. Il est probable – de même que l'improbable doit être vécu comme une certitude.

Plus d'un, sans doute…

(…)
Les fatigues de peuples tombés dans un oubli profond
Je ne puis les empêcher d'alourdir mes paupières,
Ni tenir écarté de mon âme épouvantée
L'écroulement silencieux des étoiles lointaines.

Nombreux sont les destins qui se tissent près du mien :
L'existence les fait vibrer tous à la fois,
Et mon lot ne se réduit point à cette vie-ci,
Mince flamme ou frêle lyre.

Hugo von Hofmannsthal,
traduit de l'allemand par Jean-Yves Masson,
in *Avant le jour*, Paris, Orphée/La Différence, 1990.

La force de la compassion

« Rien n'est impossible à la volonté des hommes
pourvu qu'elle soit intense » (*S. Hessel*, Danse avec le
siècle)

Les forces qui nous menacent ne sont pas si difficiles
à repérer. Elles trouvent leur source dans la libido des
générations successives. D'abord, la *« libido possi-*
dendi », qui a pris au cours des dernières décennies une
dimension planétaire, a conduit à faire bénéficier une
minorité de plus en plus étroite de richesses fabuleuses
– tant réelles que virtuelles – n'ayant plus d'autre
objectif que leur propre augmentation.

Une autre menace vient de l'exploitation sans scru-
pules des ressources de la nature, considérées comme
inépuisables et destinées à satisfaire les besoins crois-
sants de l'espèce humaine. Ce fut un aveuglement
criminel ; nous avons trop tardé à en percevoir les
limites. Qu'enfin les yeux s'ouvrent sur ce qu'il est légitime de demander à la nature tout en assurant la péren-
nité de son épanouissement !

Et puis la « *libido dominandi* », cette soif du pouvoir, qui transforme le maître politique en tyran, le citoyen en sujet, et qui caractérise une certaine mentalité mâle.

À ces deux « *libidines* » je propose d'opposer la compassion, plus généreusement vécue que la sympathie, moins rebutante que la pitié pour celui qui en est l'objet. De Régis Debray, j'ai appris la complexité de la fraternité. Comment serions-nous tous frères, alors que nous ne cessons de nous confronter dans nos diversités ? Mais pour ceux qui sont autres et qui viennent à notre rencontre, surtout si nous avons avantage sur eux – je pense aux nantis vers qui viennent les demandeurs d'asile –, pour ceux-là nous trouverons en nous, en cherchant bien, des trésors de compassion. Mon ami Bernard Cordier, le plus humain des psychiatres, est convaincu qu'en prêtant attention au souci de l'autre, par un geste, une parole, un acte de compassion, un don, nous augmentons notre propre bien-être.

Mais ce n'est pas la peine d'inventer, il faut plutôt redire : tous ceux qui veulent « changer » le monde, l'homme, ont raison : il le faut bien sûr, mais pas en faisant table rase de ce que nous avons appris. « Changer », c'est tirer parti de l'expérience accumulée pour ne pas persister à aller dans la mauvaise direction.

Tout commence avec soi-même. La notion de « compassion », et même le mot « *care* », concept bien connu de la sociologie anglo-saxonne, signifie et symbolise pour moi la solidarité par excellence.

À bien des égards, la compassion, c'est être ensemble dans la passion, pour le meilleur et pour le pire. Même si, évidemment, ce mot a pris un peu le sens de pitié et de son ordre chrétien sous-jacent. La sympathie est trop légère, elle n'implique pas que l'on soit vraiment engagé. « Sympathie » est insuffisant et « pitié » fait mal à l'autre puisqu'il est considéré comme inférieur. Dans la compassion se concentrent la volonté d'accompagner et la volonté de changer. Le souhait que la société se transforme dans un sens plus juste, plus respectueux.

La force de la compassion est là. Il n'est pas de ressort plus puissant pour le changement des sociétés humaines que la volonté ferme de leurs composantes et leur solidarité mutuelle.

Interdépendances et solidarité

Avec Jean-Claude Carrière, nous échangions sur la philosophie du bouddhisme. Il m'en expliquait les trois concepts : l'impermanence, l'interdépendance (qui est le fondement de toute écologie, et une évidence depuis les origines pour les bouddhistes), et la non-violence. Ce qui a immédiatement fait écho dans mon esprit, c'est ce thème de l'interdépendance.

Car le Collegium International, où je retrouve régulièrement mes complices Michel Rocard, Edgar Morin, Henrique Cardoso, René Passet, Mary Robinson, Peter Sloterdijk, Milan Kucan, Michael Doyle, et tant d'autres de tant de pays différents, s'est volontairement frotté à ce concept un peu nouveau en sciences politiques.

Quelques mots, en passant, sur le Collegium : il veut répondre au besoin d'intelligence collective pour aborder les problèmes contemporains. Nous pensons que les questions auxquelles nous nous confrontons exigent de faire travailler ensemble des gens qui ont eu des expériences très différentes mais très importantes les unes comme les autres. Certains ont l'expérience de la réflexion philosophique abstraite, de la théorie économique, politique, les autres ont l'expérience de la conduite des sociétés humaines, parce qu'ils ont été aux commandes de leur pays. C'est la raison d'être, éthique, scientifique et politique, du Collegium International depuis maintenant dix ans : faire dialoguer entre eux, se répondre, s'écouter, des gens qui ont été des chefs d'État ou de gouvernement et des personnes qui ont mené une réflexion individuelle forte sur les grands problèmes du devenir de l'humanité. Ils peuvent venir d'horizons différents, de couleurs politiques rivales, mais quand ils se rencontrent, c'est le souci seul du bien commun de l'humanité qui les anime. Un objectif à la fois complexe et ambitieux – car bien des choses horribles ont été faites au nom du bien de l'humanité. Mais c'est, en toute honnêteté, le seul objectif qui vaille.

Nous avons essayé au début des années 2000 de produire une « Déclaration universelle d'interdépendance ». C'est le tout premier texte sur lequel nous nous sommes mis d'accord, grâce au talent de sa rédactrice, Mireille Delmas-Marty. L'idée était de proposer à l'Assemblée générale des Nations unies un vote des représentants de tous les peuples et de tous les États du monde, sur quelque chose de nouveau en matière de relations internationales. Il nous semblait alors, au lendemain du 11-Septembre, dans ce climat difficile, qu'il fallait mettre en valeur le lien évident entre interdépendance et solidarité au niveau mondial. En d'autres termes, reconnaître solennellement l'interdépendance des habitants de cette planète, c'était enfin ouvrir la voie de la solidarité nécessaire.

Il y a évidemment beaucoup de façons d'utiliser le terme « interdépendance ». Alors qu'il n'y en a, à mon avis, qu'une pour le terme « solidarité ». Et puisque nous parlions bouddhisme, interdépendance peut signifier la prise de conscience de dépendre, tous, les uns des autres. Le Dalaï-Lama dit souvent qu'elle implique une modération de l'expansion de l'ego et c'est important. Mais on peut aussi l'entendre comme un regret, car il s'agit de la résignation à ne pas être indépendant. Je crois que si l'interdépendance est vécue par cet animal autonome que nous sommes fiers d'être comme le contraire de l'indépendance, à laquelle il est hors de question de renoncer, elle prend un sens restrictif, négatif presque. En revanche, accepter et reconnaître d'emblée que chaque personne, chaque communauté, chaque nation s'inscrit dans un ensemble plus large dont elle fait partie, permet de dépasser l'illusion de l'indépendance. Et l'interdépendance devient une ouverture.

L'interdépendance n'est donc pas contraire à l'indépendance des éléments qui la composent. Elle est un ensemble souple, dans lequel les multiples indépendants peuvent trouver leur place et se mouvoir à condition de ne pas se prendre trop au sérieux.

Nos chers amis défenseurs de la souveraineté nationale ou encore de la séparation des cultures, des religions, qui refusent l'idée même d'une connexion, se fourvoient complètement. Un réacteur nucléaire soviétique qui explose en Ukraine, un volcan islandais qui crache ses scories et sa cendre dans la stratosphère, un printemps des peuples arabes, une montée des océans due au réchauffement climatique, une chanson qui circule... Aucun pays n'est une île (même l'Angleterre) et aucune ligne Maginot réelle ou imaginaire n'arrêtera un nuage atomique, des flux migratoires, la montée des eaux, un « *yes we can* ». La globalité interdépendante représente un risque, un danger, peut-être, mais c'est une réalité indiscutable.

Grandir aux dimensions du monde :
les horizons de l'impossible

L'attention à l'autre n'a rien d'une innovation ; c'est une vieille idée de toutes les religions et d'un certain nombre de philosophies. L'amour, l'amitié, la tendresse, la séduction, autant de forces auxquelles il faut donner leur pleine valeur, pour précisément ne pas rester enfermé dans la frustration des besoins insatisfaits. À l'indignation salutaire, il faut ajouter l'exigence de transformation personnelle, et dès à présent encourager une autre éducation à la vie et au monde. Le « travail sur soi », expression un peu galvaudée par les magazines et la vulgate psychanalytique contemporaine, n'est pas un mot vide. Le livre de Peter Sloterdijk, *Tu dois changer ta vie* [1], ressemble en fait à une sorte de grammaire des exercices que les êtres humains ont pratiqués depuis presque trois mille ans sur eux-mêmes, pour se transformer en êtres humains exigeants et à la hauteur de la vision du monde de leur époque.

Parce qu'on assiste tout de même à une drôle de croissance : à mesure que le monde rétrécit sous l'impact de technologies toujours plus rapides et plus

1. Peter Sloterdijk, *Tu dois changer ta vie*, Paris, Libella-Maren Sell, 2011.

immédiates, l'univers individuel de chacun a pris des dimensions énormes. Sloterdijk raconte dans son livre ce mouvement général d'agrandissement du monde, et l'inquiétude qui l'accompagne. Les premiers empires qui prennent la mesure de la diversité des peuples, des langues, des idées, de l'univers, engendrent les premières grandes visions universelles. Chine, Inde, ancien Iran, prophètes de l'ancienne Palestine et Grecs, Égyptiens : toutes ces civilisations ont laissé un héritage particulier et pourtant comparable, qui repose sur un programme de transformation, surtout pour les élites, afin de mettre leur âme aux dimensions de la forme élargie du monde. Notre tâche est de reprendre le fil de ces traditions en le rattachant aux idées de la pédagogie moderne.

Sloterdijk pense ainsi qu'il faut réhabiliter l'élément de l'exercice dans la formation des jeunes. Selon lui, le défaut essentiel de toutes les éthiques développées par les penseurs des Lumières depuis deux cents ans est d'avoir négligé cette dimension – probablement par rejet de l'enseignement médiéval et de son dressage scolastique débilitant. Mais il n'est pas suffisant d'en appeler à la bonne volonté. La méditation ne s'apprend pas en une fois, pas plus que la peinture, l'écriture ou le calcul. On ne peut pas produire les actes moraux simplement à partir des bonnes intentions, comme Kant le proposait, mais l'action vertueuse devrait être incarnée dans un habitus qui nous aide à éprouver le difficile comme facile. C'est l'alchimie de la vie. On s'exerce à considérer que ce qui est nécessaire à former le corps et l'esprit est en même temps à notre portée.

Bien sûr, il y faut du courage. De fait, au début de toute entreprise, lorsqu'on se frotte à l'horizon de l'impossible, c'est plutôt le découragement qui l'emporte. Mais de même que l'indignation transforme le ressentiment en actions constructives, « toute morale supérieure est une forme de lutte contre le découragement » (Sloterdijk). Une autre formule qui me plaît beaucoup. C'est le courage du dépassement de soi : ne pas renoncer à faire monter en soi, en chacun, une volonté d'aller plus haut – pas dans le sens du pouvoir, de la possession et de l'ambition, mais dans la beauté morale.

Comment faire pour que les sociétés n'étouffent pas cette prise de conscience, cette aspiration à la mobilisation contre l'inacceptable, cette confiance en soi ? Des solutions existent déjà – mais elles cherchent encore leurs utilisateurs. Il y a déjà des approches nouvelles, des technologies, des modes de production ou de consommation. Mais il faut encore que ces solutions dépassent le simple cercle des initiés.

Sloterdijk m'a fait part d'une conférence de Werner Sobek, un des plus grands architectes contemporains, dans son école de Karlsruhe. Et il s'émerveillait que pendant toute une semaine l'école ait vibré de cette impulsion, parce qu'on avait « compris que l'intelligence des esprits anticipateurs a déjà développé toute une gamme de visions et de techniques applicables à partir de demain ». C'est le même sentiment qui me prend à la lecture du livre d'Edgar Morin, *La Voie*, qui ne parle pas seulement de ce qui va très mal, mais montre aussi un certain nombre de cas, d'efforts qui ont commencé à susciter une vraie amélioration. Une manière de redonner confiance dans la possibilité de se métamorphoser.

Le cheminement de la pensée d'Edgar Morin est passionnant. Nous avons souvent échangé sur son parcours intellectuel et philosophique de sociologue. Il explique ainsi que tout son travail est né de la fameuse question posée par Kant : « Que puis-je croire ? Que dois-je faire ? Que m'est-il permis d'espérer ? » Car comme Kant, il a rencontré les mêmes prémisses : pour pouvoir répondre à ces questions, il faut aussi répondre à des questions plus complexes encore. Il faut savoir ce qu'est l'humain, ce que l'homme peut faire, la réalité que recouvre l'humanité. Et c'est pourquoi, depuis *L'Homme et la mort, Le Paradigme perdu* [1] et les autres livres qui ont suivi, Edgar Morin s'est toujours intéressé à la nature humaine. Une question aussi profonde que le tonneau des Danaïdes : savoir ce que nous sommes et ce que nous pouvons être. Et de mettre au jour combien nous sommes tous ambivalents. C'est la dialogique : chaque valeur porte en elle son contraire – et nous sommes ainsi des « *homo sapiens* » dotés de raison et capables de folie ; des « *homo faber* » qui fabriquent des outils et des mythes ; des « *homo œconomicus* » poursuivant leur intérêt matériel, et des « *homo ludens* » qui jouissent de la vie, du jeu et de leurs semblables. Et puis il y a la poésie – la prose pour nos obligations, la poésie pour tout ce que nous faisons par amour, dans la communion. La merveilleuse poésie, dont nous portons en nous toutes les facettes : poésie des textes, poésie de la vie.

1. Edgar Morin, *L'Homme et la mort*, Paris, Corrêa, 1951 ; *Le Paradigme perdu*, Paris, Seuil, 1973.

C'est cette réflexion qui a inspiré les deux livres d'Edgar Morin intitulés *Introduction à une politique de l'homme*, puis *Pour une politique de civilisation* [1]. Et surtout à dépasser la seule problématique de l'individu humain : pour aller au cœur du problème, il faut selon lui essayer absolument de concevoir, si difficile que ce soit, l'ère planétaire dans laquelle nous sommes, qui a commencé avec la conquête des Amériques, et qui se poursuit sous la forme de la globalisation. Cela me frappe beaucoup, parce que c'est un point commun essentiel avec Sloterdijk, qui s'est mis à penser le même phénomène du global dans son *Palais de cristal* puis dans sa trilogie des *Sphères* [2].

Cette entreprise est évidemment ardue. Car il ne suffit pas de décrire l'intensification des flux, la porosité des frontières ou la réduction de l'espace-temps sur notre planète pour expliquer à la fois la nature du phénomène de la mondialisation, et son impact en profondeur sur l'esprit et le fonctionnement de l'homme. C'est une époque complexe, absolument incertaine, où tout est interférent. Et surtout, je suis d'accord avec lui : le plus déroutant est qu'il n'y a plus l'idée d'un progrès téléguidé qui nous conduit vers le meilleur – il n'y a plus de définition d'un horizon souhaitable, désirable, vers lequel se projeter.

C'est, en fin de compte, l'ambition de *La Voie*, avec cette idée magnifique : dans le cours probable des

---

1. Edgar Morin : *Introduction à une politique de l'homme*, Paris, Seuil, 1965 ; *Pour une politique de civilisation*, Paris, Arléa, 2002.
2. Peter Sloterdijk, *Le Palais de cristal*, Paris, Libella-Maren Sell, 2006, et *Sphères I*, Paris, Pauvert, 2002, *Sphères II*, Paris, Libella-Maren Sell, 2010, et *Sphères III*, Paris, Libella-Maren Sell, 2005.

événements, le désastre est une certitude. C'est-à-dire que pour un bon observateur doté de bonnes informations dans un lieu et un temps donné, on peut déduire le futur – le cours probable des choses. Le constat est pessimiste : la probabilité, c'est la poursuite de la dégradation de la biosphère, la prolifération et la dissémination nucléaires, l'aggravation de la crise – pas seulement économique, mais des crises de civilisation multiples. Paradoxe des conséquences qui nous saisit ici : du bien que représentait l'effondrement du communisme stalinien surgissent deux maux antinomiques mais qui, en même temps, se confortent l'un l'autre.

Mais l'improbable peut survenir – c'est une certitude. L'exemple que choisit souvent Edgar Morin pour illustrer l'improbable, c'est Athènes. « Cas merveilleux, dans le fond, d'une petite cité minable qui a pu par deux fois résister à ce gigantesque empire qu'était l'Empire perse. Et pourtant, même après la deuxième guerre médique, Athènes a été prise, pillée, brûlée, tout semblait perdu… Mais voilà que la flotte grecque à Salamine tend un piège à la flotte perse, et la détruit entièrement. Athènes résiste et quelques années plus tard, c'est la naissance de la philosophie et de la démocratie. »

Il y a d'autres illustrations récentes de l'improbable. Tout près de nous, en septembre 1941, l'armée nazie est aux portes de Moscou, alors que le gouvernement soviétique s'est réfugié de l'autre côté de l'Oural. Mais voilà que tout à coup survient un événement météorologique inattendu : un hiver très précoce et très rigoureux qui congèle l'armée allemande aux portes de Moscou. Il faut en outre se rappeler qu'Hitler avait projeté son offensive en mai 1941, mais avait dû retarder d'un mois l'opération Barbarossa, car Mussolini, parti sans son accord s'enferrer dans la conquête de la Grèce et refoulé dans les montagnes albanaises par l'improbable petite armée grecque, avait appelé Hitler à son secours. Un mois de retard, passé à liquider la résistance serbe et balkanique…

On pourrait aussi ajouter que Staline apprend à cette époque par ses agents au Japon que celui-ci n'attaquera pas la Sibérie, il peut donc divertir les troupes fraîches d'Extrême-Orient. Et tout à coup, ce paranoïaque dément devient extrêmement lucide, et nomme à la tête de ses armées un excellent général, Joukov, qui déclenche la contre-offensive et culbute de deux cents kilomètres l'armée allemande. Deux jours après, le Japon attaque Pearl Harbor, les États-Unis entrent dans la guerre ; autrement dit, le probable qu'était la victoire nazie commence à devenir improbable.

Métamorphoses et cheminement : La Voie *d'Edgar Morin*

Dans cette perspective, Edgar Morin pose le problème en termes simples : « Comment changer de voie ? » La compassion y occupe une place singulière. Si nous sommes effectivement dans un train lancé à toute vitesse sur des rails, comment peut-on changer le cours de l'histoire et la direction des rails sans faire dérailler la machine ? Assurément, l'humanité a changé plusieurs fois de voie au cours de son histoire. Et à l'origine de ce changement, il y a souvent une personne, un individu. Le prince Shakyamuni devenu Bouddha est à l'origine d'une religion millénaire et massive. Ou bien Jésus de Nazareth, petit chaman juif qui n'a que quelques disciples à sa mort, mais dont l'un d'entre eux, Saul alias Paul, fonde cette nouvelle religion universaliste qui va bientôt se répandre à travers le monde. Et puis il y a le cas de Mahomet, encore plus étonnant : chassé de Médine, réfugié chez une riche veuve, et puis hop ! lui aussi fonde une autre religion universelle et conquérante.

Tous comptes faits, les choses les mieux établies commencent toujours par des déviances.

C'est aussi le cas du capitalisme, apparu comme un parasite de la société féodale et développé sous la pression des besoins de commerce, de luxe, et avec l'aide de la royauté. Ou bien du socialisme, germé dans quelques esprits jugés à l'époque complètement farfelus, Marx, Fourier, Proudhon. Pourtant, en quelques décennies, le socialisme s'impose comme une force formidable, pour le pire comme pour le meilleur. Première conclusion : « Le problème n'est pas aujourd'hui d'être réaliste ; être réaliste, quelle utopie », disait en substance Bernard Groethuysen, qui avait une connaissance de la philosophie allemande très remarquable – lui et Alexandre Kojève ont eu une grande importance dans ma formation.

Donc, en suivant Morin, il ne faut pas seulement faire la critique de l'utopie impossible, il faut aussi faire celle du réalisme et penser qu'il y a des utopies possibles, c'est-à-dire des réalités que la situation actuelle ne permet pas de matérialiser, mais qui sont tout à fait valables. Comme la paix universelle, la victoire sur la faim dans le monde. Aucun état de fait n'est insurmontable. Il n'y a que dynamiques et forces contradictoires à l'œuvre. Reconnaître cette tectonique, c'est aussi abandonner l'idée de révolution.

Car la révolution qui veut faire table rase du passé se fourvoie complètement : non seulement on ne fait jamais vraiment table rase, comme les continuités le démontrent dans toutes les révolutions, mais encore il faut conserver les trésors du passé. Pas seulement les trésors culturels, mais aussi les savoirs, les savoir-faire, les connaissances. Prenons l'exemple de l'agriculture biologique : souvent il s'agit simplement de revaloriser des savoir-faire paysans ancestraux. La Modernité ne peut pas être la négation du passé, à moins de se condamner au déracinement.

D'où cette idée de métamorphose qu'Edgar Morin raconte au fil de ses livres et interventions. La métamorphose, c'est à la fois garder son identité et devenir autre. C'est une transformation en profondeur qui équivaut à la matérialisation d'un potentiel. L'idée directrice est donc que nous devons arriver à une métamorphose. Mais comment ? La force de la compassion incite à se pencher sur ce qui la meut : l'amour.

Et l'amour dit toujours, à la manière de Levinas : « Après vous, messieurs. »

Chant d'amour

Comment pourrai-je retenir mon âme, afin
de l'écarter de la tienne ? Comment pourrai-je
l'élever au-delà de toi vers d'autres choses ?
Oh combien j'aimerais savoir la dérober
en quelque endroit perdu, dissimulé dans l'ombre
en un lieu de silence, inconnu, et qui soit
loin de l'écho profond de ton âme qui vibre.
Et pourtant tout ce qui nous touche, toi et moi,
nous rassemble comme rassemble un coup d'archet,
qui de deux cordes ne fait jaillir qu'une voix.
Mais sur quel instrument sommes-nous donc tendus ?
Quel est le musicien dont nous sommes le jeu ?
Ô chant suave.

R. M. Rilke, traduit de l'allemand
par Dominique Iehl, in *Œuvres poétiques et théâtrales*,
Paris, Gallimard, coll. « La Pléiade », 1997.

Aimer l'amour, admirer l'admiration

Les grandes émotions qui font de notre vie ce qu'elle est, ce qu'elle est pour nous et ce que nous sommes pour les autres, sont moins faciles à mettre en mots qu'il n'y paraît quand on n'est pas écrivain. Comment acquérons-nous la faculté d'aimer ? Est-elle inscrite dans nos gènes ? Comporte-t-elle un apprentissage ?

J'en ai été pour ma part un bénéficiaire privilégié. Mais je veux d'abord évoquer la faculté d'admirer. Elle a été pour moi plus nécessaire encore, plus stimulante pour vivre heureux et j'en recommande l'apprentissage précoce à tous les éducateurs. Mon initiatrice dans ce domaine a été celle qui remplissait auprès de mon frère et de moi le rôle de gouvernante, Emmy Toepffer. Elle m'a appris à remplacer la fureur par la soif de plaire. M'a-t-elle par là engagé sur une voie périlleuse ? J'étais certes à l'âge de trois ans trop coléreux. À l'âge de quatre-vingt-treize ans, ne le suis-je pas assez ? Il est trop tard pour changer. En revanche, le plaisir d'admirer, elle m'en a donné l'exemple. À mon frère et à moi elle a donné l'image de nos deux parents comme admirables, comme exceptionnellement dignes d'admiration. Cette image n'a jamais été remise en question.

Elle avait donné le ton à l'accueil de ceux et de celles que nos parents nous feraient connaître. C'était le temps où l'art prenait à l'assaut de nouveaux champs d'exploration. Marcel Duchamp fut, pour le jeune enfant que j'étais, la quintessence d'un briseur de tabous à l'inusable courtoisie. Alexandre Calder alliait la grâce à la légèreté enjouée. Le sourire de Man Ray donnait un sens plus ludique à la photographie. André Breton était le maître sévère mais juste. Mais bien au-delà de ces admirables personnages, des êtres comme Walter Benjamin, Gisele Freund, Charlotte Wolff, Jeanne Moulaert et son beau-frère Aldous Huxley incarnaient pour moi l'idée du subtil, du sublime et du vrai, élevant ce qu'ils portaient en eux au plus haut. À travers eux je devinais la présence prédominante d'Éros sous ses deux visages.

On peut être très sérieux quand on a dix-sept ans...

Un jour, Laure Adler m'a demandé dans un moment d'ingénuité comment j'avais découvert l'amour. Et moi, tout aussi ingénu, je lui ai raconté mes histoires de cœur. D'abord ce souvenir un peu cuisant, exemple de ce qui peut arriver à un petit garçon un peu plus jeune que ses camarades de classe. Il voit que ceux-ci ont des copines, avec lesquelles peut-être déjà... enfin, je ne sais pas trop. Moi, en revanche, je n'y suis pas encore du tout. Pourtant, il y a cette jolie B., qui habite à Gentilly... et tous les matins je prends le métro pour l'accompagner de là jusqu'à l'École Alsacienne. Un jour, je lui mets un petit mot dans la classe ; le petit mot circule, tombe entre les mains d'un copain, et je suis ridicule. C'est une première… Je découvre que l'amour rend ridicule.

Quelques années plus tard, il m'arrive cette chose la plus extraordinaire qui puisse arriver au début d'une vie adulte. Ma mère, qui prend bien soin de son fils cadet, me fait remarquer une petite jeune fille qu'on va mettre en pensionnat religieux pour qu'elle se forme bien ; elle est un peu plus jeune que moi, c'est ma promise. Je ne suis pas contre, mais moi c'est sa mère qui m'intéresse. C'est une femme belle et cultivée. Elle avait dix-sept ans de plus que moi, à l'époque. Quelle aventure merveilleuse pour un jeune garçon de dix-sept ans d'avoir une amie de trente-quatre, qui travaille au *Jardin des modes*.

Elle m'enseigna le sexe en me prodiguant l'amour. J'allais la chercher chez Condé Nast et elle m'initia à tout ce qu'un garçon de dix-sept ans encore vierge peut rêver de connaître des secrets du corps féminin. Lorsque, ayant parcouru la France à pied de Paris jusqu'à Cahors, l'ayant laissée dans son train mais revenant pour chercher un livre oublié, je l'ai trouvée en larmes, et attribuant orgueilleusement ces larmes à ses regrets de notre séparation, j'ai vécu un sommet d'exaltation romantique depuis inoubliable.

J'ai su ainsi qu'aimer est un art. Mais avec quelle douceur et quel sentiment de respect pour ce garçon… Parce qu'on n'est peut-être plus vraiment un petit garçon à dix-sept ans, mais on n'est certainement pas encore un homme. On commence à exister, on est timide, on est… balbutiant. Mais surtout, on ne sait pas du tout comment s'y prendre avec une femme. On croit que l'amour est essentiellement un sentiment, on oublie tout ce qui peut en émerger, par exemple, la possession physique.

Cette révélation m'a complètement bouleversé. J'y ai mesuré d'un coup l'incroyable profondeur de l'amour, toutes les facettes les plus diverses, et à l'époque les plus surprenantes pour moi, qui se cachent dans les plis et replis du sentiment amoureux. Il y a peut-être autant de relations amoureuses qu'il y a de combinaisons possibles entre les êtres. Car ce n'est pas seulement une alchimie délicate entre deux âmes qui se désirent, se cherchent, se trouvent, c'est une relation plus complexe, à trois : « Il y a toi, il y a l'amour, il y a moi… » Dans ces larmes amoureuses d'une femme mûre du double de mon âge, peut-être surprise tout à coup de l'attachement qu'elle ressentait pour son jeune amant, il y avait pour moi tout un monde mystérieux qui affleurait – entre puissance des émotions, ambivalence des sentiments, insouciance amoureuse et gravité romantique.

L'année suivante, à dix-huit ans, je faisais la conquête, d'ailleurs laborieuse, d'une jeune fille abordée au milieu des hypokhâgneuses du lycée Louis-le-Grand, auxquelles les khâgneux, du haut de leur année de plus, faisaient une cour joyeuse et exigeante. À peine entrevue, écoutée, admirée pour ses mots, leur style, je savais qu'il m'appartenait de la convaincre de m'appartenir. C'était une rencontre de tous les sens et de tous les sentiments. Cet amour-là ne connaît pas de bornes, tant chacun pense à l'autre comme à une tâche infinie à accomplir. Et nous l'avons, je crois, bien accomplie, faisant naître une fille et deux garçons au long des seize premières années d'un mariage qui devait durer quarante-sept ans, seulement interrompues par de nombreuses absences dont la guerre était responsable. J'ai souvent raconté ces années de ma vie : nos vacances de campeurs dans le temple d'Héra à Olympie, notre mariage à Saint-Maixent-l'École, nos retrouvailles à Marseille, puis à Lisbonne, puis dix-huit mois plus tard à Londres, nos années new-yorkaises, notre année vietnamienne, nos cinq ans en poste à Alger, nos quatre ans à Genève.

Une éducation sentimentale

J'ai tendance à penser que l'essentiel se trouve dans le contact entre deux êtres. Deux existences qui se rencontrent et qui ont quelque chose à échanger, à bâtir ensemble. Et cela a été tout à fait le cas avec V., nous avons eu des années de grand bonheur, ensemble. Il manquait peut-être quelque part dans ce bonheur ce qui m'était arrivé plus tard avec C., c'est-à-dire que tout à coup, simplement d'un coup, c'était ça. Une révélation. C'était *inexorable, inévitable*.

Je n'ai pas su garder ce coup de foudre pour moi. Ma femme l'a su parce que j'ai fait ce qu'on ne devrait jamais faire : je lui ai littéralement faussé compagnie un jour, en laissant une petite lettre qui disait : « Je suis maintenant complètement pris par quelqu'un d'autre et donc, je m'en vais », et je l'ai donc laissée sur le carreau. Je regrette ce mouvement, je m'en veux, naturellement, et m'en suis toujours voulu. Mais j'avais sous-estimé sa force extraordinaire, car quand je suis revenu, trois jours plus tard, assez penaud en confessant une erreur et le désir de reprendre la vie commune, elle a accepté – à la condition que je ne revoie pas l'autre.

Condition que je n'ai pas réussi, ou voulu, respecter. Ça n'a été facile ni pour l'une ni pour l'autre, ni pour moi, mais C. a tenu. Elle a eu sa vie à elle, son métier auquel elle tenait, un homme qui lui a fait un enfant. Entre nous, il n'y a jamais eu de rupture absolue. Il y a eu de longues périodes où nous ne nous voyions pas, mais quand ces périodes se terminaient, on se retrouvait. Ça pourrait ressembler à une banale histoire d'adultère, mais c'est bien plus subtil que ça. Car un amour qui survit à la séparation, aux vies divergentes, pendant toutes ces années, c'est une histoire de vie.

J'ai vu C. pour la première fois en 1950 dans un couloir du ministère des Affaires étrangères. Une jeune fille, peut-être déjà une jeune femme, à la vue de laquelle mon corps a connu pour la première fois cette réaction que décrit August von Platen dans ce vers : « Quiconque de ses yeux a contemplé la beauté est déjà livré à la mort. » Nul mieux que Gustave Flaubert, dont la statue orne le port de Trouville où j'écris ces pages, n'a rendu compte d'un tel moment dans *L'Éducation sentimentale*. J'en cite un paragraphe d'une superbe manufacture psychologique :

« Jamais il n'avait vu cette splendeur de sa peau brune, la séduction de sa taille, ni cette finesse des doigts que la lumière traversait. Il considérait son panier à ouvrage avec ébahissement, comme une chose extraordinaire. Quels étaient son nom, sa demeure, sa vie, son passé ? Il souhaitait connaître les meubles de sa chambre, toutes les robes qu'elle avait portées, les gens qu'elle fréquentait ; et le désir de la possession physique même disparaissait sous une envie plus profonde, dans une curiosité douloureuse qui n'avait pas de limites. »

Était-elle exceptionnellement belle ? Je n'en suis pas sûr. Ce dont je suis certain, c'est que venait d'elle à moi un signe qui ne s'est depuis jamais démenti.

Nous avons eu une fois la tentation romantique d'en finir ensemble. Lorsque j'ai quitté ma femme pour rejoindre ma maîtresse, et que celle-ci est tombée malade précisément à ce moment-là, nous devions partir ensemble à Samos. Nous avions décidé qu'il fallait mourir jeunes, nous étions dans cette phase d'un amour brusque et fort. Nous savions que c'était une folie. Et un méfait – en tout cas moralement. Il fallait donc que ça finisse vite et fort : l'amour et la mort.

Pulsion de mort, d'absolu, dans la surprise d'un amour totalement incontrôlable, qui nous poussait sur cette île grecque pour y finir nos jours… Nous pensions à l'époque que nous étions faits pour mourir. Maintenant elle a quatre-vingt-trois ans, et moi quatre-vingt-treize. Et la vie nous a offert le cadeau magnifique de nous réunir après nos veuvages respectifs. Sitôt ma femme enlevée à moi par la maladie, ce lien qui n'avait jamais fané a donné lieu à un deuxième mariage, à un haut degré de félicité conjugale où je vois la marque de cette chance de vie, ce bonheur dû à mon ange gardien, que nul ne peut mériter.

Quel immense bonheur de se retrouver ainsi tout le temps. Désormais, les choses sont simples – si je pars à Sarajevo, elle vient avec moi ; et si je reviens, la première chose qu'on fait, c'est de se dire : « Maintenant, sous la couette, pour être tranquilles… » Un équilibre s'est constitué, un équilibre merveilleux.

À ces architectures amoureuses, j'en ajoute une autre, plus secrète, plus éphémère, puissante, s'agissant de l'Éros. Sexe. Une amie de V. en visite à Alger me dit en nous quittant : « J'ai besoin de vous comme amant », phrase à laquelle rien ne me préparait. Son besoin était à l'évidence assez fort pour que notre rencontre s'opère et me fasse découvrir, pour la première fois, comment une belle femme entre en extase, comment alors la pudeur s'évanouit, cédant la place à l'allégresse. Mais le risque à courir fait frémir.

Voilà le genre d'animal que nous sommes. Voilà ce que m'a appris sur nous, aussi, l'espérance de l'amour. Cet Éros qui est à la fois le fils direct de Chaos, qui est donc de la toute première génération divine, celle d'Ouranos et de Gaïa, mais aussi le fils secret d'Arès et d'Aphrodite, m'en a fait voir de toutes les couleurs. Son effet sur chacun de nous est la meilleure démonstration de la complexité de notre nature, faite non seulement de conscience et de raison, mais de corps et de cœur, d'imagination et d'angoisse.

Qu'entendons-nous par amour ? Faire l'amour ne nous fait pas forcément aimer. Le rôle du sexe dans notre vie est riche de plaisirs intenses et d'embûches cruelles. L'ambition du mâle de faire jouir sa partenaire est un de ces exercices dont Peter Sloterdijk nous explique la légitimité. Mais aimer est pour certains plus important que d'être aimé. C'est là que la passion peut faire rage. On n'aime jamais assez, ni surtout assez bien. Et pourtant c'est d'avoir aimé plus que d'avoir été aimé que les étapes de ma vie portent la marque indélébile.

Sur l'amour sous tous les aspects qu'il offre, tant à l'expérience existentielle qu'à l'imagination poétique, la mythologie grecque nous donne les renseignements les plus précieux. J'en ai fait l'apprentissage au long de mon année d'adolescent à Londres. J'y étais accueilli par un cousin de ma mère dans une banlieue au nom bien sonore : West Wickham. Il y avait deux garçons un peu plus jeunes que moi, John et Basil, qui m'initièrent au cricket, me plongeant dans la culture britannique. J'étais inscrit comme étudiant à la London School of Economics dont les bâtiments n'étaient pas loin de la Guildhall Library.

Plus souvent qu'aux cours de la LSE, je m'installais dans cette bibliothèque publique et j'y dévorais les écrits de Diodore de Sicile et d'Apollodore d'Athènes. J'y suivais la généalogie des dieux et des héros, le récit de leurs combats et de leurs amours.

Mais je remontai d'abord depuis les plus récents, les héros de l'*Iliade* et de l'*Odyssée*, jusqu'aux plus anciens, géniteurs d'une succession impressionnante. Les dieux de l'Olympe étaient tout proches des héros d'Homère, leurs parents, les Titans et les Titanides, formaient des couples réduits au silence, mais revêtus d'un prestige symbolique très fort. Parmi eux, Cronos, maître du temps, non celui qu'il fait, mais celui qui s'écoule irrésistiblement. Parmi eux, Japet, dont le fils Prométhée allait braver son cousin Zeus et donner aux humains de quoi grandir en force et en ingéniosité, grâce au feu dérobé aux Immortels. Et parmi eux encore, parmi elles, puisque chaque Titan avait pour sœur une Titanide, Mnémosyne, puissant symbole de la

Mémoire. C'est d'elle que descendent les Muses. Oui, la Mémoire est la source de tout l'imaginaire artistique, à commencer par la poésie, Calliope, l'aînée, mère de Linos et d'Orphée.

Il faut remonter plus haut encore, jusqu'aux parents des Titans, jusqu'à la Terre et au Ciel, Gaïa et Ouranos, qui ont fait sortir l'Ordre du Chaos, et qui ont accompli ce travail nécessaire avec l'aide de deux figures fraternelles, Éros et Thanatos, l'amour et la mort. Ceux-là sont à l'œuvre à tous les moments de notre histoire, libérateurs l'un comme l'autre de tout enfermement ; l'un nous fait émerger de notre jeune timidité, nous projette à la conquête d'autrui, l'autre nous attend patiemment, sûr de nous accueillir un jour.

Mais Hélène, dans tout cela, Hélène, pour moi Helen, ma mère, quel était son rôle ? Il fallait revenir à sa mère Léda convoitée comme tant d'autres par Zeus. Pour jouir d'elle, le roi des dieux prend la forme d'un cygne et cet épisode, deux de mes poètes favoris, l'Anglais Yeats et l'Allemand Rilke, lui ont consacré un poème.

Le premier fait admirablement pressentir la filiation sortie de cet accouplement qui va entraîner la mort du roi des rois, Agamemnon. Le second se borne à évoquer la jouissance du dieu que nous, lecteurs, partageons.

Éros est là tout entier et nous savons bien que Thanatos prendra tôt ou tard sa victime. Car de cette étreinte passionnée naîtront quatre enfants : deux garçons, dont l'un immortel, Castor, l'autre obligé de partager avec lui la mortalité, Pollux, tous deux placés au firmament, les Dioscures, et deux filles, Clytemnestre et Hélène.

Voir Hélène, c'est s'engager irrévocablement, comme le font les héros grecs de *L'Iliade* lorsque son époux, Ménélas, en est privé par le Troyen Pâris. Et pour la lui rendre, comme ils s'y étaient tous engagés, ils entreprennent une guerre longue de plus de dix ans.

À qui la faute ? À Aphrodite, bien sûr. C'est elle, choisie par Pâris comme la plus belle, celle à qui revient donc la pomme lancée par Éris au beau milieu des noces de Thétis et de Pélée, et qui lui promet les faveurs de la plus belle des héroïnes, qui ne pouvait être qu'Hélène.

Je raconte tout cela pour éclairer les rapports, dans cette admirable mythologie grecque, comme dans celle d'Irlande à laquelle j'ai été initié par Robert Graves, comme celle d'Assur et de sa légende de Gilgamesh, entre amour et mort, vie ardente et immortalité quasi inatteignable. Le vrai héros, comme dans les contes du roi Arthur, serait celui qui ne connaîtrait, après le combat, que l'amour et puis la mort.

De la jalousie

Mais l'existence est plus complexe encore. Ce qui s'y introduit et dérange cette belle ordonnance, c'est la jalousie. Le moi s'y replie sur lui-même, veut l'autre pour soi et non pour lui. Partout où je l'ai rencontrée dans ma propre vie amoureuse, chez moi ou chez ma partenaire, j'ai tout fait pour la vaincre.

J'en avais compris l'ardeur et l'horreur dans le récit qui met un terme aux douze travaux d'Héraclès. Il s'éprend d'Iole, mais veut protéger sa femme contre le centaure Nessus. Celui-ci est vaincu mais a le temps de remettre à Déjanire cette tunique dont il dit qu'elle fera renaître l'amour dans le cœur de celui qui la porte. Piège infâme. Ce Nessus a voulu se venger. Naturel. Mais seule la jalousie pouvait refermer ce piège sur Déjanire. Qu'il me revienne, pensait-elle, et laisse Iole. Ce n'est pas la première fois qu'Héraclès change de partenaire. Il est un amant fécond, et des Héraclides innombrables sont présents dans bien des mythes. Mais Déjanire ne veut pas le supporter. Il enfile donc à sa demande la tunique funeste. Et lui qu'aucun lion, aucune hydre, aucun géant n'a pu abattre, le voilà brûlé si profondément par la jalousie qu'il ne lui reste qu'à rejoindre dans l'Olympe celle à qui il doit son nom, Héra, et qui, elle-même jalouse de la femme d'Amphitryon dont Zeus avait fait la mère d'Héraclès au long des plus longues nuits d'amour dont on nous ait rendu compte, a imposé à ce rejeton miraculeux d'Alcmène les douze travaux auxquels une autre jalousie met fin.

Alors peut-on apprendre à aimer sans être jaloux ? Oui. J'en veux montrer l'exemple. De qui aurais-je pu, aurais-je dû être jaloux ? De mon frère aîné, choyé pour une infirmité assez glorieuse : l'épilepsie. Elle lui donnait un grand prestige. On appelle ça le haut mal. J'étais bien bas à côté. Eh bien non, je le vivais au contraire comme un frère plus fragile, qu'il m'était possible de protéger comme lui-même m'a toujours protégé.

De Henri-Pierre Roché, dont ma mère aurait voulu éperdument un enfant et qui n'aurait pas hésité en cas de succès à nous laisser mon frère et moi pour vivre pleinement cet autre amour. Eh bien non, j'ai tout de suite pris fait et cause pour son grand amour, sachant au fond de moi qu'elle m'aimerait encore plus et que je la garderais, mais que son amant me serait cher dans l'échec même de leur projet.

De mon camarade Robert Decomis, hypokhâgneux comme moi, amoureux comme moi de la troublante V., dont il a réussi à être le premier amant ? Eh bien non. Mon amitié pour lui en a été renforcée. Il m'ouvrait, me semble-t-il, une voie dans laquelle j'ai pu poursuivre.

De ma femme V., lorsque, ayant quitté Lisbonne où je l'avais rejointe en mars 1941, gagnant New York où l'attendaient ses parents et me laissant partir pour Londres, j'appris qu'elle y avait fait une rencontre importante au cœur de ce groupe de créateurs sauvés par mon ami Varian Fry : André Breton, Marcel Duchamp, Claude Lévi-Strauss. Parmi eux, Patrick Waldberg, aux approches de qui elle ne résista pas. Je l'ignorais bien sûr, jusqu'au jour où, m'ayant rejoint à Londres en novembre 1942, elle y fut suivie huit jours plus tard par son amant. Leur relation ne reprit pas et nous devînmes les amis les plus constructifs, tant nous rapprochait la similitude de nos goûts.

Je pense avoir toujours accueilli avec sympathie les hommes dont ma partenaire choisissait d'accepter les hommages.

L'inverse, hélas, n'a pas été vrai. Je porte encore le poids de mes infidélités. Elles n'ont pas été nombreuses, mais chacune a laissé sa marque qui me persécute encore dans mes rêves : je ne parvenais pas à avouer et mentais pour donner le change. Parfois le change n'était pas reçu.

À cet égard, mon deuxième mariage a été l'entrée dans l'âge de la liberté. Nous avions tous deux plus de soixante ans. Nous nous connaissions depuis plus de trente-cinq ans. Nous étions décidés, cette fois, à aller ensemble jusqu'au bout, ensemble jusqu'à la mort. Mais Éros est toujours présent pour moi lorsque je rejoins Christiane. Et il faudra bien que Thanatos attende encore un peu.

Y a-t-il d'autres approches de l'amour ?

Ma mère, si exclusive dans son amour pour ses deux enfants et en même temps prête, comme je l'ai dit, à les sacrifier pour une passion encore plus exclusive, avait d'abord pensé que son Stéphane devrait connaître une aventure homosexuelle. Elle était lectrice d'André Gide et m'avait recommandé, à douze ans, la lecture de *Corydon*. Dans la bibliothèque d'Henri-Pierre Roché, où je passais des après-midi éblouis, il y avait du Cocteau, du Artaud, du Klossowski et du Leiris.

L'occasion ne s'en est présentée qu'une fois, lorsque, âgé de vingt-deux ans, ayant déjà vécu deux amours avec deux femmes, je suis tombé entre les bras d'un jeune Américain. C'était à Marseille. La France avait perdu la guerre. Vichy collaborait avec Hitler et les créateurs antifascistes réfugiés dans le sud de la France craignaient pour leur vie et pour leur liberté. Mon père et mon frère avaient été internés plusieurs mois au camp des Milles, près d'Aix-en-Provence.

Voilà qu'on me signale la présence, à l'hôtel Splendid, d'un jeune Américain chargé d'aider à sortir de France et à rejoindre l'Amérique ceux dont le prestige artistique et intellectuel intéressait les États-Unis, non encore entrés en guerre.

Roosevelt entretenait à Vichy un ambassadeur auprès de Pétain, l'amiral Leahy. Mais sa femme Eleanor, à la tête de l'« International Rescue Committee », avait choisi Varian Fry pour accomplir cette autre mission. Et il a accompli un travail admirable, insuffisamment aidé par le consulat américain de Marseille qui aurait voulu restreindre sa mission aux seules sommités, comme Breton et sa femme Jacqueline, Max Ernst, Victor Serge, Jacques Lipchitz, alors que Fry avait vite compris que les plus menacés étaient les Juifs, surtout les juifs étrangers, dont il a réussi à faire partir plus de mille, devenant ainsi le seul Américain « Juste entre les nations ».

Notre rencontre se fit en août et grâce à son aide, nous pûmes quitter Marseille en février 1941, ma femme, mes beaux-parents et moi – eux par l'Espagne, moi par l'Algérie. Elle prit la forme d'une vraie camaraderie. Dès qu'il pouvait soustraire un peu de temps à sa tâche fondamentale, pour laquelle il avait réuni une équipe courageuse où j'avais plusieurs amis, il m'emmenait avec lui visiter cette Provence qu'il connaissait mal et qui le passionnait. Au cours de nos nuits d'hôtel, je compris vite que son inclination pour moi comportait un désir sexuel auquel je tentais, du fond de la grande sympathie qu'il m'inspirait, de ne pas être insensible.

Ces moments se recroquevillent dans ma mémoire et je suis aujourd'hui incapable de dire jusqu'où nous sommes allés dans nos embrassements. Je sais seulement que je n'y ai pas pris goût, même si je situe au plus haut dans ma chère mythologie grecque les amours d'Achille et de Patrocle.

Le Pont Mirabeau

Sous le pont Mirabeau coule la Seine
Et nos amours
Faut-il qu'il m'en souvienne
La joie venait toujours après la peine
Vienne la nuit sonne l'heure
Les jours s'en vont je demeure

Les mains dans les mains restons face à face
Tandis que sous
Le pont de nos bras passe
Des éternels regards l'onde si lasse
Vienne la nuit sonne l'heure
Les jours s'en vont je demeure

L'amour s'en va comme cette eau courante
L'amour s'en va
Comme la vie est lente
Et comme l'Espérance est violente
Vienne la nuit sonne l'heure
Les jours s'en vont je demeure

Passent les jours et passent les semaines
Ni temps passé
Ni les amours reviennent
Sous le pont Mirabeau coule la Seine
Vienne la nuit sonne l'heure
Les jours s'en vont je demeure

Apollinaire, *Alcools*

Le plaisir de la rencontre

De qui ai-je appris à tant aimer l'amour ? À l'évidence, de ma mère, femme passionnément amoureuse, prête à sacrifier ses enfants pour une passion. Mais aussi éducatrice aux talents multiples. Celui, d'abord, de mettre à la porte une fois pour toutes la morale bourgeoise, de chasser le conformisme, de libérer l'imagination la plus poétique, tout en fondant chaque acte sur une confiance innée dans les commandements éthiques tirés de l'impératif catégorique d'Emmanuel Kant. Elle m'a appris surtout à être heureux, ne serait-ce que pour être digne d'elle, qui savait donner du bonheur. À être heureux, c'est-à-dire acquérir une suffisante confiance en moi-même comme propagateur de bonheur pour surmonter tout obstacle entre le but visé et l'effort à accomplir.

Si je propose à ceux qui viennent après moi, et à qui tente de s'adresser ce message, de faire le plein apprentissage de l'admiration et de l'amour, c'est que j'y vois l'exercice humain le plus précieux.

À l'encontre des périls qu'il nous faut prévoir, les ressources les plus anciennes de leur « *humanitas* » seront requises, celles que révèlent les moments de fraternité décrits par Régis Debray.

Mais il y a danger, soyons-en sûrs, non seulement au terme de l'incroyable aveuglement des détenteurs de richesses qui ont rendu l'économie ingérable, enrichi démesurément quelques-uns, réduit des milliards d'autres à la misère, mais aussi au terme de l'autre aveuglement qui a fait des sociétés, au fur et à mesure qu'elles « progressaient », des exploiteurs sans vergogne et sans retenue des ressources tardivement reconnues comme limitées de cette planète unique que nous avons à prendre pour habitat.

Et c'est à ces dangers enfin recensés, décrits, compris, dénoncés par les penseurs et les poètes que nous admirons, que peut et doit répondre aujourd'hui, de la part des générations en route, un sincère et profond engagement.

Le goût de l'admiration… Comment l'ai-je appris ? C'est encore un héritage maternel. Un goût naturellement reçu, inculqué sans effort. Ma mère était elle-même plutôt une admiratrice qu'une femme critique. Une amoureuse fervente qui a parfois poussé l'admiration dans ses amours plus loin que ses partenaires ne le justifiaient. Mais tous comptes faits, c'est aussi ce penchant à trouver admirables certaines rencontres qui fait toute la différence pour qui s'essaye à distinguer le médiocre du sublime. Au fond, nous avons tous une part de médiocre. Si on l'aperçoit au premier regard, ce n'est pas très amusant. Si on ne l'aperçoit qu'après avoir joui de la part admirable, c'est plus stimulant pour tout le monde.

L'admiration, je la reçois aussi. Je découvre une autre façon d'être écouté et accueilli. Dans le passé, j'avais toujours été très gentiment reçu en public, tout particulièrement dans ces écoles où l'on me faisait venir pour témoigner de la Résistance ou de la déportation. Mais je suis à présent confronté à une autre forme d'écoute et d'admiration, qui reflète probablement à quel point mes mots ont pu toucher les gens au cœur de leur vécu et de leur désarroi.

Dans la rue, des passants qui ne me connaissent pas viennent vers moi et disent : « Vous êtes Stéphane Hessel ? » L'effet de la télévision, n'est-ce pas ? Mais surtout, un sentiment de familiarité très fort.

Et pour moi, l'impression que je peux aujourd'hui rendre ce que j'ai reçu. Je n'ai de sagesse que celle qu'on me prête et d'influence que celle qu'on veut bien m'accorder.

Cette « sagesse », d'ailleurs, n'est pas seulement la mienne ; c'est d'abord celle de toutes les rencontres merveilleuses que j'ai pu faire au cours de mon existence. Rencontres livresques, bien sûr, dans la découverte des poètes (Apollinaire, Rilke, Hölderlin, Shakespeare, Baudelaire) et des philosophes (Hegel, Platon, Merleau-Ponty, Nietzsche, Parménide), dans la lecture de ces livres qui vous ouvrent autant de mondes nouveaux qu'ils ont de mots justes pour décrire le réel.

Et puis il y a les rencontres de personne à personne – que ce soit dans la chaleur de l'amitié partagée ou dans la conversation. J'ai bénéficié aussi de précieux échanges intellectuels et moraux qui m'ont énormément enrichi. J'ai eu la chance d'avoir ce parcours qui, en France, est gage de solidité et de sérieux – hypokhâgne, khâgne, École normale supérieure –, avec comme enseignants Maurice Merleau-Ponty et Léon Brunschvicg.

Il y a chez moi à la fois un intérêt naturel pour la philosophie, mais aussi la tristesse d'avoir dû complètement interrompre mon apprentissage, d'être aujourd'hui incapable de lire intelligemment de la philosophie moderne parce que, tout simplement, les concepts ne sont plus ceux auxquels j'ai été habitué. Je me sens souvent délaissé par les philosophes contemporains, et plus proche de gens d'inspiration philosophique, mais qui ne sont pas littéralement des « philosophes », à la manière d'un Derrida par exemple.

Un esprit tel que celui d'Edgar Morin, qui n'est pas à proprement parler un philosophe mais un penseur, un sociologue totalisant, m'est plus accessible ; cela dit, quand je rencontre même brièvement quelqu'un comme Peter Sloterdijk, un philosophe de métier, je trouve un regard lucide sur le monde d'aujourd'hui, avec une ouverture vers ce que peut être demain.

Je reprends l'exemple de Morin. J'ai toujours un plaisir immense à dialoguer avec lui, non seulement parce que c'est un ami et un esprit brillant, mais surtout parce qu'il m'a guidé dans mes réflexions, à une période déjà ancienne. C'était un peu avant la fondation du « Club Jean-Moulin », en 1958, avec mon complice Daniel Cordier. À cette époque, Morin m'avait appris à comprendre ce paradigme nouveau : la nature humaine. Il m'avait aussi bien aidé à prendre conscience de la forte continuité entre les valeurs sur lesquelles j'essayais de fonder ma vie, de la Résistance aux combats pour les droits de l'homme à travers la Déclaration universelle… Il m'a surtout montré que cette continuité avait besoin de se ressourcer de temps en temps à la lumière de l'évolution de la société elle-même. Aujourd'hui, le monde a changé, évidemment. Mais surtout, avec l'ancien monde, ce sont nos certitudes qui se sont envolées. La guerre avait pour nous une certaine simplicité, où les décisions à prendre tombaient sous le sens : ne pas la perdre puis, l'ayant perdue, essayer quand même de la gagner… Cette simplicité d'alors n'a plus cours. Il me semble même qu'aujourd'hui, depuis dix ans, on ne comprend plus bien où nos sociétés se dirigent.

Et la conclusion d'Edgar à ce sujet est fascinante. Car la complexité dans laquelle nous sommes aujourd'hui plongés nous empêche toute lecture en termes de dualité – un camp contre un autre, une classe sociale contre une autre. Aujourd'hui, l'essentiel, c'est de rassembler toutes les femmes et tous les hommes de bonne volonté qui partagent la même conscience. C'est un appel à ouvrir le cœur au monde entier.

Médiations missionnaires

Le goût des autres, je l'ai aussi cultivé dans mon rôle de médiateur. Quelque part dans *Danse avec le siècle*, j'ai retrouvé cette phrase : « Il n'y a pas de médiation réussie. Par son échec même, elle ouvre la voie à une autre plus large qui va échouer à son tour. C'est par leurs enchaînements inlassables que s'écrit l'histoire courageuse de notre espèce. » Mes tentatives et mes missions ont été très diverses, des sans-papiers au Burundi, puis du Burkina-Faso à la Haute Autorité de l'intégration… Cette diversité m'a offert un éventail de rencontres toutes plus enrichissantes les unes que les autres.

Je me souviens bien de l'épisode des sans-papiers, en 1996. C'est Ariane Mnouchkine qui était venue me chercher. Elle avait eu la gentillesse et la générosité d'accueillir au Théâtre du Soleil trois cents Maliens, pour la plupart, mais aussi des Sénégalais et quelques Algériens. Leur manifestation n'avait rien à voir avec une clameur de misère, c'était bien plutôt une revendication de dignité : « On nous refuse des papiers auxquels nous avons droit. Nous réclamons des papiers, non des faveurs, parce que nous y avons droit. » Après les avoir recueillis, Ariane Mnouchkine s'est rendu compte que face à un gouvernement comme celui de M. Alain Juppé, Premier ministre, et de M. Jean-Louis Debré, ministre de l'Intérieur, il fallait réunir des gens qui aient suffisamment d'influence auprès de nos dirigeants pour leur proposer une solution. C'est ainsi qu'elle a monté ce comité, dont j'étais le plus âgé et de plus « ambassadeur de France » – ça fait toujours son effet. On m'a alors demandé de devenir le président de ce groupe qu'on a appelé « le Collège des médiateurs ».

Et nous avons présenté au gouvernement une proposition simple : sur ces gens, il y en avait environ 80 % de régularisables et peut-être 20 % qu'il fallait reconduire dans leur pays. Mais nous voulions que ce fut fait en se basant sur des critères précis. Nous avons donc élaboré une liste de dix critères en fonction desquels il était possible et légitime de régulariser. Tout en précisant qu'il ne fallait évidemment pas les remplir tous, mais que la satisfaction de l'un d'entre eux devait être considérée comme suffisante pour obtenir la régularisation.

Ce groupe a été l'un des plus prestigieux que j'ai été amené à présider. Il y avait Laurent Schwartz, Edgar Morin, Jean-Pierre Vernant, Lucie et Raymond Aubrac,

Pierre Vidal-Naquet, Germaine Tillion, Paul Bouchet, homme remarquable et conseiller d'État, qui nous a beaucoup aidés. Il y avait aussi Paul Ricœur, qui est mort depuis, comme beaucoup d'autres membres de ce collège. C'était un groupe formidable, avec un prestige intellectuel et même politique tel que nous ne pensions pas que le gouvernement puisse ne pas l'entendre. Mais devant nos propositions, ce gouvernement a commencé par s'en remettre au préfet, en lui demandant de « tenir compte » des éléments que nous avions fournis. Et au lieu de le faire, il s'est amusé à régulariser douze sans-papiers sur les trois cents et à rejeter les autres. Nous étions furieux et nous nous sommes beaucoup exprimés contre cela ; ce fut une période féconde en rencontres de presse.

J'avais déjà, quelques années plus tôt, participé à des tentatives de médiation en Afrique, entre Tutsis et Hutus au Burundi par exemple. C'est que j'ai toujours gardé un intérêt particulier pour les questions concernant l'immigration, l'intégration et la dignité de ces hommes et femmes qui ont pris la décision déchirante de quitter leurs pays respectifs, pour s'en remettre à la providence d'une terre plus hospitalière. Et j'ai toujours protesté contre la façon scandaleuse dont la France traite le problème du droit d'asile !

Les amis remarquables…

Ma vie entière a été inspirée par des rencontres. Intellectuelles et politiques, littéraires et amoureuses, philosophiques et spirituelles. Dans le feu d'un combat ou dans le calme de la conversation amicale, des rencontres avec des amis remarquables ont nourri et nourrissent toujours ma réflexion. Ces dernières années, certains d'entre eux m'ont aidé à nuancer, confirmer, développer, enrichir ma vision du monde. Je voudrais distinguer ici ceux qui m'ont permis de bâtir ce récit.

Je connais Régis Debray depuis très longtemps, depuis l'aventure du Club Jean-Moulin, et j'ai beaucoup de sympathie pour lui. Il faut se souvenir qu'au fond mon « vivarium », ce sont les membres du Club Jean-Moulin, qui restent pour moi des démocrates, influencés par Pierre Mendès France. Je tiens qu'il a une haute – beaucoup trop haute – opinion de moi. Il y a quelques années, il a réuni les quelques grands résistants survivants dans le cadre de sa revue *Médiologie*. Il nous a ainsi fait parler, Daniel Cordier, Yves Guéna, Jean-Louis Crémieux-Brilhac et moi. C'était très intéressant et sympathique. Régis Debray est un homme auquel je suis humainement très attaché. Il a d'ailleurs fait une chose que je trouve incroyable : il m'a dédié un de ses livres, *Le Moment fraternité* [1]. Ça ne m'était jamais arrivé. Nous avons fait beaucoup de choses ensemble, mais celle qui m'a le plus marqué, c'est notre voyage à Gaza.

Dany Cohn-Bendit, c'est 1968. Je ne le connaissais pas avant, évidemment, et je ne l'ai pas rencontré à ce moment, car j'étais en Algérie. La rencontre a eu lieu vingt ans plus tard quand, adjoint au maire, il a été en charge de l'immigration et du vivre-ensemble, à Francfort. Il m'avait fait venir car il savait que j'étais un agitateur pour les problèmes d'immigration en France, que j'avais fait un rapport destiné à Michel Rocard sur la façon

1. Régis Debray, *Le Moment fraternité*, Paris, Gallimard, 2009.

de traiter cette question. On se connaissait donc indirectement. Nous avons eu un contact très fort.

Nous nous sommes donc rencontrés sur ces thèmes, pour des discussions politiques passionnantes sur la façon d'aborder les questions de l'immigration, de l'intégration, de la vie des différentes communautés culturelles dans la même ville. Par la suite, je l'ai connu comme Dany le Vert, l'infatigable agitateur d'idées qui venait tous les dix ans animer la scène politique française et européenne. D'ailleurs, j'ai profité de son dernier passage pour verdir moi-même en participant, avec José Bové que je connais bien aussi, à cette formidable aventure qu'il avait initiée avec Europe écologie. Un mouvement impertinent et enthousiaste, capable de bousculer les lignes et de changer le visage de la vieille gauche, dont je n'ai pourtant jamais désespéré.

Dany est pour moi d'une extraordinaire pertinence politique. Ses analyses des situations où nous nous trouvons sont toujours celles qui me paraissent les plus lumineuses. Comme en outre il est très franc et très direct et ne prend ses directives nulle part, je lui trouve une intelligence politique assez particulière. Ce n'est pas un hasard s'il est écologiste – car le problème majeur aujourd'hui, c'est l'avenir de notre Terre. Mais le fait qu'il ne sépare pas la lutte contre la déperdition de la nature de la lutte contre la pauvreté en fait à mes yeux un homme assez particulier sur l'échiquier politique. Ce n'est pas vraiment un chef de parti, à mon sens. D'ailleurs, quand il essaie de l'être, ça ne marche pas très bien. Il n'a pas non plus l'âme d'un ministre – de l'Enseignement ou de l'Environnement, ou de quoi que ce soit d'autre. Il laisse ça à ceux qui s'en sentent le goût et les compétences. Mais c'est un témoin incorruptible de ce qui va mal et un pointeur du doigt sur ce qu'il faut faire.

Si j'ai une telle affection pour Michel Rocard, c'est parce qu'il est l'homme qui incarne le mieux les idéaux de la gauche tels que les a définis Pierre Mendès France. Il est, à mon avis, l'héritier réel de Mendès, avec le même attachement au socialisme et en même temps la même perception de la nécessité de faire travailler le socialisme avec une économie de marché régulée. En plus, on peut dire que Rocard et Mendès France ont eu un problème similaire dans leurs vies politiques respectives : Mitterrand.

Michel, je l'ai lui aussi rencontré au moment du Club Jean-Moulin, du temps du PSU. J'avais connu son père pendant la guerre. Un homme assez remarquable, un grand savant, très exigeant, qui aurait voulu que son fils ait suivi ses traces et soit devenu scientifique plutôt que Premier ministre. Ça me rappelle un peu cette histoire drôle : au ciel, après l'Assomption, la Vierge Marie répond à un ange qui s'extasie sur le destin de son fils devenu Sauveur de l'humanité : « J'aurais préféré qu'il fasse docteur. »

Je n'ai rencontré que récemment Peter Sloterdijk, ce grand philosophe allemand. Nous nous sommes connus dans le cadre du Collegium international, en 2008 à Monaco, lors d'une table ronde du prince Albert, modestement consacrée à l'avenir de la planète. J'avais lu son premier livre, sa *Critique de la raison cynique*[1] que

---

1. Peter Sloterdijk, *Critique de la raison cynique*, 2e éd., Paris, Christian Bourgois, 2000.

j'avais trouvé extrêmement intéressant, justement parce que pas du tout conformiste, ni inscrit dans la tradition philosophique de l'époque. Depuis 2008, nous avons eu l'occasion de nous revoir, en particulier à Karlsruhe où il m'avait invité, et le courant passe bien. Je ne suis pas un spécialiste de sa pensée, loin de là, mais nos discussions sont toujours intellectuellement très stimulantes et j'en retire de grands bénéfices. Pour moi, c'est un philosophe au sens propre et noble du terme. Je suis tout particulièrement intéressé par sa façon de décrire la responsabilité de l'homme en exercice. La traduction de son dernier livre, *Tu dois changer ta vie*, par Olivier Mannoni m'a fait sentir les voies qu'il ouvre à la recherche d'une meilleure compréhension des sociétés à construire.

C'est d'abord de la tristesse que le nom de Jean-Paul Dollé m'évoque, car il est décédé dans les premiers mois de la genèse de ce livre. Nous ne nous connaissions pas intimement. Je l'avais rencontré grâce à Sacha Goldman dans le cadre du Collegium, encore une fois. Mais j'ai tout de suite eu le sentiment de quelqu'un pour qui le mot « philosophie » n'était pas à distinguer du mot sociologie ni même politique. C'était quelqu'un pour qui la pensée ne doit pas rester dans l'abstraction mais doit se réaliser, se concrétiser. Et en cela, les quelques conversations que nous avons eues ont été particulièrement plaisantes et très utiles.

Ma rencontre avec Laure Adler est ancienne et ancrée dans notre goût commun pour la poésie. Je crois qu'un de mes premiers souvenirs d'elle – et cela me ramène à la poésie –, c'est une réunion au Cabaret Sauvage. Elle était là, et comme elle était rousse à l'époque – elle ne l'est plus toujours maintenant –, j'ai récité « La jeune rousse » d'Apollinaire en la regardant. Nous avons alors commencé un contact poétique et elle est devenue une amie. Plus tard, lorsqu'elle est devenue pendant un an la directrice du Seuil, elle en a profité pour publier mon livre *Ô ma mémoire*. Et elle garde pour cela ma gratitude profonde et amicale. Il faut dire qu'à l'époque j'avais déjà envoyé ce manuscrit à des éditeurs, mais les réponses ressemblaient toutes à cette lettre charmante, l'une de ces lettres que l'on aime à recevoir quand on est auteur et qui vous dit : « Votre manuscrit m'a beaucoup intéressé et même beaucoup touché. Malheureusement, il est tout à fait impossible pour un éditeur de publier un livre trilingue et donc il n'est pas question que je le prenne. Merci de me l'avoir envoyé. » Quelques mois après, Laure Adler tentait ce pari d'une édition trilingue – et je crois que finalement elle n'a pas eu à s'en plaindre, parce que le Seuil n'a pas fait une si mauvaise affaire. Le livre reparaît bientôt en poche, et il a été traduit en allemand !

De Jean-Claude Carrière je savais qu'il avait permis la mise en scène du Mahabharata, qu'il avait mené des entretiens avec le Dalaï-Lama [1], et publié de nombreux ouvrages dans les domaines de la fiction pour le théâtre et le cinéma et de l'essai. J'ai en mémoire une phrase de lui que j'ai attrapée quelque part : « L'avenir est une tradition. Combien de temps se maintiendra-t-elle ? » Cette phrase m'avait interrogé.

Mes échanges avec lui m'ont éclairé sur les aspects spirituels des réflexions politiques que je mène, entre

1. Jean-Claude Carrière, le Dalaï-Lama, *La Force du bouddhisme*, Paris, Robert Laffont, 1995.

révoltes, espérances, écologie, solidarité, et ressourcement des valeurs, telles que l'interdépendance et la compassion. Ses idées m'ont ouvert un horizon nouveau.

J'aimerais également mentionner deux rencontres qui m'ont profondément marqué. Deux hommes sans le commerce desquels je ne serais probablement pas devenu celui que je suis.

Eugen Kogon : sans lui, je ne serais plus là. Son rôle, à un moment décisif de mon existence, a été la marque d'un rare courage au cœur même du camp de concentration le plus périlleux pour ses déportés, celui de Buchenwald. Nous y étions arrivés à trente-six, partis de Paris le 9 août, quinze jours avant l'arrivée des Alliés, croyant la guerre perdue par les nazis. Mon plus proche camarade était Forrest Yeo-Thomas, un proche de Winston Churchill, un « brave des braves », qui s'était fait parachuter en France pour tenter de faire évader Pierre Brossolette. Y ayant échoué, arrêté lui-même, il attendait comme moi dans ce Block 17 où les trente-six étaient tenus en réserve. Réserve d'exécution. Nous ne savions pas que nous étions condamnés à mort. Lorsque seize d'entre nous furent pendus au croc de boucherie, les autres n'eurent plus d'autre espoir que la mise sur pied d'un plan d'évasion. C'est le contact de Yeo-Thomas avec Kogon qui le fit réussir, pour seulement trois d'entre nous. Tous les autres furent fusillés.

Kogon, résistant chrétien au nazisme, était dans le camp depuis 1939 et avait obtenu un poste privilégié auprès du Dr Ding-Schuler, médecin-chef du typhus au bloc, lieu maudit où des SS pratiquaient des expériences létales sur des déportés. C'est à lui que Kogon présenta cette périlleuse proposition : accueillir des officiers alliés dans le bloc, où gisaient de jeunes Français moribonds sous l'effet du typhus, et envoyer leurs corps au crématoire sous le nom des officiers alliés qui ressortiraient vers d'autres camps sous leurs nouveaux noms. En échange, Ding-Schuler, qui savait que la guerre était perdue, délivrerait des certificats signés par ces officiers, faisant état du service qu'il leur avait rendu. Le SS ne voulut en accepter que deux, Kogon lui en fit accepter trois. Le troisième, ce fut moi. En racontant ici pour la trentième fois cette histoire, j'en ai encore la main qui tremble. Chacun des futurs morts aurait pu être sauvé à ma place. Sans Kogon et aussi sans Yeo-Thomas, qui fit le choix d'un Français en plus de deux Anglais, ma vie prenait fin.

Eugen Kogon, inoubliable, mais trop peu revu après la guerre, trois fois seulement dans l'année 1945, avant mon départ pour New York. Mais par une coïncidence comme mon ange gardien en produit à profusion, c'est son fils, Michael Kogon, qui s'est amusé à traduire *Ô ma mémoire*, et maintenant *Indignez-vous* et même *Engagez-vous*. C'est aussi Michael qui m'a fait attribuer le prix Eugen-Kogon, de la fondation du même nom, en 2009. L'importance de Kogon dans l'écriture de l'histoire de l'Allemagne est inestimable. Outre sa revue culturelle et politique, les *Cahiers de Francfort*, qui a longtemps été très influente dans l'espace germanophone, il a surtout grandement contribué à l'intelligence du phénomène national-socialiste avec son remarquable livre *L'État SS* [1], dans lequel on trouve d'ailleurs notre correspondance. C'est probablement l'ouvrage qui décrit le mieux la

---

1. Eugen Kogon, *L'État SS. Le système des camps de concentration allemands*, Paris, Seuil, 1947.

manière dont la jeunesse allemande s'est laissé piéger par Hitler.

Et puis il y a Walter Benjamin, dont j'ai déjà évoqué l'importance pour ma formation intellectuelle. Je l'ai connu quand j'avais sept ans. Je pourrais raconter tant de choses sur cet homme exceptionnel, raffiné, délicat, philosophe, historien de l'art, critique littéraire, critique d'art, traducteur... Un esprit supérieur. Mais sur Benjamin, je raconte souvent la seule chose drôle qu'on puisse raconter sur lui – parce qu'il y a beaucoup de choses sombres. Nous étions en famille, et nous pratiquions un *Bibelstechen*. Ça consiste à prendre un livre, la Bible le plus souvent, mais tout autre livre fait l'affaire, évidemment ; on demande alors à une personne de glisser un couteau entre deux pages pour en sélectionner une, et à une autre d'annoncer quel passage sera lu en attribution à untel ou unetelle, présent ou non. Par exemple, « pensons tous à... et lisons la 5e ligne du bas ou la 4e ligne du haut de la page de droite ou de la page de gauche ». Le lecteur doit bien sûr être très rigoureux, c'est-à-dire qu'il doit lire toute la ligne et rien que la ligne même si c'est un passage et qu'il y a une coupure.

Ce jour-là, pour Benjamin, on avait tiré : « peut aussi, mais plus difficilement être con ». La ligne s'arrêtait là.

Ça me rappelle la première phrase de *Monsieur Teste*, le livre de Paul Valéry : « La bêtise n'est pas mon fort. »

Reconnaître la vérité comme vérité, et en même temps comme erreur ; vivre les contraires, sans les accepter ; tout sentir de toutes les manières, et n'être à la fin rien d'autre que l'intelligence de tout – quand l'homme s'élève à un tel sommet, il est libre comme sur tous les sommets, seul comme sur tous les sommets, uni au ciel, auquel il n'est jamais uni, comme sur tous les sommets.

Fernando Pessoa, *Le Chemin du Serpent*,
traduit par Patrick Quillier, Paris,
Christian Bourgois, 1996.

Poétiques des identités multiples

Le sentiment des langues

Je suis trilingue. Cela aurait pu être simplement une compétence professionnelle ouvrant la voie à une carrière. Mais je ne suis pas trilingue parce que je me suis dit que ce serait utile d'apprendre l'allemand, le français puis l'anglais. Mon sentiment de la langue est bien plus intime. Parler les trois langues, c'est à la fois une identité et un art de vivre, une entrée dans le royaume des mots à travers les notes de la poésie.

La poésie est une de mes formes préférées de communication avec les autres. Réciter des vers, c'est jouer sur un violon précieux et improviser au milieu de situations plus ou moins formelles. Ainsi, lorsque je m'adresse aux plus jeunes générations, je les incite à apprendre par cœur de la poésie et à entretenir avec les mots des relations charnelles, car les mots n'ont pas seulement un sens, mais aussi un son, une musique qui donne au sens sa vibration.

Le beau langage et la poésie permettent que l'autre s'ouvre – ils le rendent « perméable ». Je suis frappé par quelque chose qui m'arrive désormais de plus en plus souvent dans les réunions publiques. La dernière fois, c'était à Düsseldorf. Je viens raconter ce pour quoi on m'a fait venir, *die Empörung*, l'indignation, etc. J'élabore, je discours, je raconte mes histoires, on me pose des questions… Mais à la fin, je surprends tout le monde en disant : « Et maintenant je vais vous réciter une petite poésie de Rilke. » La façon dont je réussis à la réciter – au fur et à mesure, j'ai fait un apprentissage de la récitation – est maintenant de nature à susciter de l'enthousiasme. Les gens aiment entendre de la poésie même quand ils la connaissent déjà, pourvu qu'elle soit récitée d'une certaine façon. Et cela est valable aussi pour de la poésie qu'on entend dans une langue étrangère. À Francfort récemment, après un débat avec Joschka Fischer animé par Dany Cohn-Bendit, je me suis adressé à l'audience à travers des poèmes en allemand mais aussi en français – et l'écho rencontré dans une salle qui ne comprend pourtant pas cette langue était saisissant.

Je crois fermement que dans la transmission d'un message, les mots écrits ont leur importance, indéniablement – mais il faut aussi ce prononcé qui fait foi, cette musique, cette voix. Il me semble qu'aux premiers temps de la philosophie, certains philosophes de la Grèce antique, et pas seulement Socrate, s'abstenaient de coucher par écrit leurs enseignements, préférant une parole vive et l'échange plutôt que la solitude combinée de l'écrivain et du lecteur.

Bien sûr il y a la fatigue, les voyages en chemin de fer, en avion… Mais il suffit que je me trouve face à quelqu'un qui me pose des questions pour qu'aussitôt le désir de répondre et de faire passer un message me redonne toute la force que je craignais d'avoir perdue. C'est vraiment dans la rencontre avec l'autre que je peux trouver la ressource d'aller plus loin encore une fois. Il m'arrive même de me dire, quand je suis simplement absorbé dans mes lectures, qu'il me manque une présence, un retour. Évidemment, c'est aussi une forme d'enivrement. Des gens qui sont là, une grande salle, on parle et la salle éclate en applaudissements. C'est exaltant.

À côté de ce charme bruyant des foules, j'ai également besoin de la ressource de lieux particuliers. Ce sont d'abord ceux où règne la nature dans sa tranquille existence. J'ai par exemple souvenir d'un passage récent à La Charité-sur-Loire, dans un hôtel où ma chambre donnait d'un côté sur le fleuve et de l'autre sur le prieuré, un merveilleux monument du XIe siècle. La beauté et la magie de ces lieux préservés, où la nature et le bâti se mêlent sans se contredire, me renforcent un peu plus dans mes convictions politiques acquises, en particulier dans ce qui m'est aujourd'hui le plus cher, la protection de la nature, la protection de la terre. C'est le sens de mon engagement pour Europe écologie – les Verts.

Il y a aussi des villes qui parlent particulièrement à mon cœur, car ce sont des jalons importants de mon identité. Berlin, la ville de mes parents, de mon enfance, est de celles-ci. C'est saisissant d'y voir les transformations à l'œuvre. Aujourd'hui, c'est une autre ville que celle que j'ai connue. Une ville absolument passionnante. Il y a quelques mois, j'ai pu en goûter encore une fois toute la poésie et le charme. La chaîne WDR voulait m'interviewer en cours de journée, mais à cause des facéties d'un volcan islandais, son équipe n'a pas pu rejoindre Berlin à temps ; me voilà donc libre pour tout un magnifique après-midi. La dame qui m'accompagnait pour ce séjour m'a alors proposé d'aller faire un tour sur la Spree. Nous nous sommes embarqués à partir du Weidendammer Brucke sur l'un de ces bateaux-mouches fort sympathiques pour une heure de traversée de Berlin. Dans un sens le vieux Berlin, dans l'autre, l'île aux Musées mais aussi le Reichstag et au-delà, les tout nouveaux bâtiments pour le gouvernement. Ensuite retour jusqu'au Weidendammer. Voilà qui m'a énormément plu. Berlin est probablement à l'heure actuelle l'une des villes les plus intéressantes d'Europe.

Ce Berlin-là a réussi à reprendre le fil d'une histoire tourmentée. Son architecture renouvelée, tournée vers l'avenir, ne renie rien du passé, mais en intègre au contraire les cicatrices dans le tissu même de la cité. Et puis quelle activité, quelle vitalité culturelle, entre expositions, musées, théâtres… Cette ville est une utopie concrète où les jeunes du monde entier se trouvent ensemble pour expérimenter la communauté de demain.

J'ai un rapport particulier à Berlin – et à l'Allemagne. Je crois que le peuple allemand est, de tous les peuples européens, celui qui a été le plus marqué par le XXe siècle, qui l'a vécu de la façon la plus intense, avec de la grandeur et de la servitude, avec de l'horreur et de la difficulté, de la culpabilité, avec une division en deux et une perte de provinces historiques – du plus terrible au plus grandiose, et d'autant plus terrible que c'était grandiose, car les victoires d'Hitler ont été formidables au sens littéral du terme, et pour le petit Allemand de l'époque, c'était la gloire avant d'être l'horreur, l'échec, la destruction.

Mais au-delà de toute cette tragédie sanglante et destructrice, ce peuple a finalement réussi, en l'espace de quelques décennies maintenant, à donner à son pays le premier rôle, à devenir l'acteur central de la construction européenne. Bourreau des autres et de lui-même, le peuple allemand porte, à mon avis, à la fois une expérience unique de tout ce siècle et la responsabilité de bâtir une Europe meilleure pour le XXIe siècle.

Je dis et répète sans cesse ces quelques évidences à la radio allemande, et je ne sais pas si ce message fait plaisir aux auditeurs, mais je sais en tout cas qu'il suscite de l'intérêt. Je suis malgré tout né allemand – je le suis très peu maintenant, je suis très français, presque aussi américain qu'européen, mais je le reste un peu dans le fond. Je me sens donc une vraie empathie avec ce qui arrive à ce peuple qui a eu le courage de regarder en face les horreurs de l'Holocauste, de se charger de la culpabilité des crimes commis, d'en garder la conscience et de se construire malgré tout.

Dans son très bon petit livre sur le sujet, *Les Identités meurtrières* [1], Amin Maalouf explique qu'il refuse toujours de répondre à la question de son identité – français, libanais, il est tout cela à la fois et plus encore et ne veut pas se laisser enfermer dans des catégories, des identités. C'est un exemple inspirant. Pour moi, les choses sont tout aussi complexes. D'une part, je me sens vraiment comme un *Berliner Kindel*, le gamin berlinois, impertinent et espiègle. La figure allemande du Gavroche, en quelque sorte. Je suis donc berlinois bien plus qu'allemand de Berlin. Mais d'autre part, je suis tout ce qu'il y a de plus français. Paris, c'est ma ville. Je suis français non seulement de nationalité mais de cœur. J'aime la France malgré tous ses défauts. J'aime aussi l'Allemagne. En réalité, ne suis-je pas un peu comme Dany Cohn-Bendit, avec qui je discutais d'ailleurs un jour de ces épineuses questions d'identité : à la fois allemand et français ? Et donc européen ?

Cette dualité nationale m'est venue drôlement, sans que je m'en rende compte. Ainsi, j'arrive en France à l'âge de sept ans, dans un pays qui ne peut que m'être étranger. Mais dès la préadolescence, vers dix-douze ans, je suis d'ores et déjà français : j'étudie dans un lycée français, je parle français, mes amis sont français… Je suis français. Et puis tout à coup, l'administration s'en mêle et voilà qu'on me naturalise, à l'âge de vingt ans. Je ne me sentais ni plus français ni moins allemand qu'avant – mais les papiers, comme la terre, ne mentent pas.

1. Amin Maalouf, *Les Identités meurtrières*, Paris, Grasset, 1998.

Pourtant, je fais à cet instant immédiatement l'expérience de l'absurdité des classifications nationales : devenu français, je n'ai plus le droit d'être à l'École normale supérieure, parce que j'y avais été reçu comme élève étranger. Désormais français, me voilà forcé de repasser le concours. Dans les conditions du concours d'aujourd'hui, je n'aurais sans doute pas eu la chance de le réussir une seconde fois.

Mais l'identité, c'est plus encore que le tampon des papiers. Par exemple, on me ramène systématiquement à ce film magnifique qui a immortalisé l'histoire de ma mère. Je suis le fils de Jules et Jim. Mais je ne suis pas du tout sûr d'avoir grand-chose à dire sur ce sujet. Je considère que ce que nous avons de plus intime ne sort jamais vraiment sur un support comme un film. Un film est un travestissement de ce que nous sommes en réalité. Je ne vais pas me laisser enfermer dans une représentation, si émouvante et célèbre soit-elle.

Les voies de l'identité sont complexes et subtiles. Des choses s'imposent à vous parfois avec évidence, jusqu'à ce qu'un événement vous reconnecte avec d'autres parties de vous-même… Les identités ne sont pas seulement meurtrières, comme le dit Maalouf, elles peuvent être mutilantes. Et enfermer quelqu'un dans des catégories administratives et bureaucratiques, comme l'a envisagé par exemple Sarkozy avec son ministère de l'Identité nationale, c'est une atteinte à l'intelligence, une atteinte à l'intimité de chacun et chacune. Ce n'est pas un ministère qui me dira qui je suis. Ce ne sont pas mes papiers qui décident de mon identité. D'ailleurs Cohn-Bendit n'a même pas de papiers français, pourtant qui nierait qu'il est français ?

Alors de quoi sommes-nous le nom ? De quoi sommes-nous faits ? De l'étoffe des rêves, pour paraphraser la splendide formule shakespearienne ? Cette question de l'identité est très profonde. Nous vivons une époque paradoxale, dans laquelle les distances ont été abolies par la technologie, et les frontières par l'intégration des économies. Mais la place de l'individu dans ce monde individualiste est fragile. Face à la dissolution des liens traditionnels de la communauté, qu'elle soit nationale, religieuse ou culturelle, face à l'affaiblissement des corps constitués, y compris la famille, le sentiment est contradictoire. D'une part il est impossible de ne pas y voir une libération de tous les conformismes emprisonnants que la tradition et les religions nous imposaient ; d'autre part, il est difficile pour de nombreux individus de ne pas se sentir seuls et en danger dans un monde toujours plus vaste et étranger. D'où les tentatives de réduction aux identités simples.

Mais justement, on n'est jamais simplement « français » ou « allemand ». On peut aussi se sentir plutôt d'une ville, voire d'un quartier ; on peut revendiquer une religion, une couleur de peau, une origine perdue, une géographie réelle ou fantasmée, une orientation sexuelle ou une préférence idéologique. Alors, quelle facette devrait choisir un Turc berlinois de Kreuzberg, homosexuel et de gauche, avec une sensibilité soufie ? Nous sommes tous des empilements de références différentes, parfois même contradictoires en apparence.

D'où l'importance de l'enracinement dans une communauté que nous pouvons choisir. Réfugié en France de son propre pays, Cioran refusait par exemple toute nationalité et insistait sur la langue : « On n'habite pas un pays, on habite une langue. Une patrie c'est cela et rien d'autre. » Avec mes trois langues, j'ai choisi d'avoir autant de patries – et comme deux d'entre elles furent ou sont des langues mondiales, mon sentiment d'appartenance dépasse même la seule communauté nationale.

Cette référence à la communauté de langue veut rappeler une chose toute simple : peu importe quelle liberté individuelle nous avons, peu importe quelle originalité nous revendiquons, avec parfois plus de conformisme qu'on ne le pense, l'important c'est d'être capable de communiquer avec l'autre, avec les autres. Cette banalité me permet simplement d'insister sur cette autre évidence : l'individu n'est pas seul, même autonome et indépendant, il ne peut pas vivre seul. L'homme est un animal social.

Nous appartenons à quelque chose de plus grand que nous.

Je passe mon temps à recommander à tous mes amis la lecture de ce texte un peu fou mais très beau d'Edgar Poe qu'il a appelé *Eurêka*. C'est un texte dans lequel il tente de faire le lien entre l'individu et le cosmos ; nous sommes en contact avec ce qui nous entoure, ce qui nous éloigne de plus en plus de nous-mêmes et se regroupe forcément dans une sphère de plus en plus élargie. Cette tentative d'expliquer l'univers et la relation de l'homme au Tout repose sur une drôle de formule : « *Because Nothing was, therefore Ail Things are.* » Mais ce texte offre des réflexions de grande beauté et de profondeur mystique sur l'imbrication des réalités, depuis le particulier jusqu'à l'universel.

Il se trouve que c'est ma mère qui m'a fait lire ce texte remarquable, et je n'y aurais certainement pas été si sensible sans elle. L'ayant relu il y a quelques mois, j'ai à nouveau été très emballé, même si ça ne commence pas de la meilleure manière. Le début est une blague, une bouteille perdue dans la mer, sans grande cohérence. Il y a une vingtaine de pages qui sont un peu naïves ou ridicules, de la part de quelqu'un qui n'est pas un scientifique. Mais à partir du moment où il s'élance dans cette perception du moi et du cosmos, le message devient très fort.

Le message qui m'est essentiel : l'individu s'insère dans un tissu bien plus large que lui. Quel que soit notre degré d'indépendance, nationale ou individuelle, nous sommes surtout et avant tout interdépendants. J'y ai déjà fait allusion, en référence au message bouddhiste. Mais ce n'est pas tout. Il y a d'autres choses à apprendre de la tradition bouddhiste, ou orientale, pour laquelle l'interdépendance va bien au-delà : il s'agit d'interdépendance avec toute chose, êtres vivants, animaux, végétaux, et en fait, avec tout l'existant, avec toute la création. C'est une philosophie de la continuité et de l'interaction entre les différents éléments du système, qui dépasse la séparation fondamentale établie en Occident – il y a bien longtemps – entre « nous » et « ce qui n'est pas nous », entre l'homme et la nature, le sujet et l'objet. Dans cette approche, on se débarrasse de l'habitude traditionnelle de séparer l'homme de tout, de l'isoler comme une entité à part, car cette séparation est illusoire. Y compris au cœur de certaines évidences empiriques, comme le vivant et le non-vivant.

Après tout, il y a une sorte de lien dialogique dans ce qui est. Ainsi, la définition même du « vivant », c'est d'être un jour mort : le vivant porte en lui le non-vivant. Et Jean-Claude Carrière de s'amuser avec l'expression « Dieu vivant » qui serait un absurde oxymore. En effet, un dieu est éternel, il n'est pas vivant. Le vivant est le contraire de l'éternité. S'il est Dieu, il est au-delà de la vie, comme on le dit dans la tradition soufie, il est alors « hors des pages du temps ».

Les détours de la foi

À la différence de la culture dominante, aussi bien en France qu'en Allemagne, je n'ai jamais été chrétien – même par conformisme. En fait, j'ai d'abord commencé par m'intéresser aux dieux grecs, sous l'influence de mon père. Il me semblait ainsi que le divin ne pouvait pas se résumer à quelque vieux monsieur avec une barbe assis sur son nuage, ni même à un jeune homme mort sur une croix d'esclave romain. Je préférais l'idée d'une multiplicité de transcendances. Celle de l'amour où Aphrodite et Éros sont incarnés ; la transcendance de l'art où règne Apollon ; la transcendance d'une certaine forme de justice où Zeus se manifeste ; pour la violence, il y a Arès, et Dionysos pour l'extase. Ils sont nombreux. Ils jouent entre eux à des jeux auxquels nous devons être sensibles. Et nous devons les respecter tous – tout particulièrement Hermès, le messager. J'aime cette idée d'un divin multiple. En même temps, nous sommes d'autant moins dispensés de nos responsabilités d'humains, puisque Prométhée a fait le nécessaire pour que nous puissions vivre pleinement notre humanité.

J'ai rencontré, naturellement, et souvent avec beaucoup d'admiration, des catholiques, des protestants, des orthodoxes. J'ai eu dans ma famille des pasteurs, qui furent ainsi proches de moi et que je respecte grandement – à une petite nuance près, qui est mon problème avec les monothéismes. Attention, je pense qu'il faut distinguer monothéisme et religion en général : être monothéiste, c'est ne revendiquer qu'un seul dieu, un « Allah et Allah seul » distinct d'un « Jéhovah » unique, un « Christ seul » sans lien avec Moïse. Ces monothéismes-là nourrissent d'inévitables conflits depuis bien des siècles.

Ils ont probablement fait plus de mal en tant que tels que les religions au sens propre… enfin, peut-être pas en nombre absolu, parce que les Modernes sont tout de même plus efficaces que les Anciens en matière de massacres. Il m'arrive ainsi de songer souvent à l'échelle des batailles de jadis comparées à celles d'aujourd'hui – autrefois, il suffisait d'un capitaine et de quelques troupes, dont l'affrontement meurtrier ouvrait le chemin de la paix. Aujourd'hui, avant de faire la paix, il faut massacrer au moins deux millions d'hommes.

Mais justement, comment se confronter à l'horreur absolue des années 1940 ? Pendant ma captivité, de la Gestapo à Buchenwald et à Dora, la transcendance qui m'a fait tenir le coup n'était pas monothéiste – et ce n'était certainement pas (encore ou déjà) celle du droit international, qui n'aurait pas survécu longtemps dans les brouillards des camps.

La première force à m'avoir maintenu debout et droit, c'est en quelque sorte celle de la tradition familiale ; l'impact de ce que les parents ont pu transmettre et enseigner comme essentiel, utile, nécessaire. Mes parents m'avaient légué les dieux grecs d'une part – et la poésie d'autre part. Ils étaient l'un et l'autre poètes et amateurs de poésie, et m'avaient fait apprendre par cœur de la poésie dès mon plus jeune âge. Le premier poème que j'ai appris était en anglais, et je l'ai appris sans savoir cette langue, simplement par la tonalité, la musique. C'est le petit poème de Poe qui s'appelle *Helen*, le nom de ma mère.

La poésie, pour moi, c'est « la preuve ». La preuve, par l'expérience personnelle, qu'il y a un domaine dans lequel nous nous épanouissons et dans lequel nous ne sommes plus à la merci des forces contre lesquelles on lutte, avec lesquelles on combat. Nous sommes dans un autre domaine. Celui de l'art, naturellement, de l'imaginaire. Autrement dit, de quelque chose qui ne se rapporte pas à une réalité matérielle concrète, mais la dépasse et nous met en position de rêver. Rêver au rythme du poème, avec l'idée d'une liberté accrue par la poésie. C'est une sensation que je retrouve tout aussi naturellement dans la musique, et souvent aussi dans la peinture.

Il me semble en fin de compte que tous les arts ont quelque chose à nous apporter. Je ne crois pas que chacun d'eux en particulier puisse prétendre à la réalité universelle, car les goûts et les perceptions nourrissent la différenciation – même si certains artistes semblent au-delà des particularismes, comme Mozart, Beethoven ou Piero Della Francesca. Mais au-delà des distinctions se dresse l'idée qu'il faut qu'il y ait de la musique, qu'il faut qu'il y ait de la poésie. Cette idée, je la crois, elle, universelle. Et je constate, avec beaucoup de plaisir, que nous vivons dans un monde de plus en plus inter-connecté en matière d'art, de musique, de peinture, ce qui me conforte plutôt dans l'idée qu'il y a de l'universel révélé dans l'art, né de cette aspiration à la beauté que nous avons en partage.

La poésie et la chance

Alors, lorsqu'on se demande quelle vie est digne d'être vécue, quelle vie est « bonne », pour reprendre la question d'Aristote, on ne peut se contenter de répondre qu'il faut être responsable et s'engager. Il faut aussi prendre en compte l'extraordinaire diversité et la place de l'imaginaire, l'art et la poésie, sans laquelle cet effort que l'on fait quand on est de nouveau vivant, quand on « renaît » après avoir été presque mort, n'aurait guère de sens. On ne peut séparer le vécu, l'action et la méditation.

J'ai commencé ma vie en essayant d'être philosophe. J'avais eu la chance d'avoir Merleau-Ponty comme « caïman » à l'École normale supérieure et je retrouve aujourd'hui, chez des gens qui s'intéressent à la philo-sophie, le souvenir de tout ce que ce grand esprit m'a apporté. Peut-être même plus, au point de vue philoso-phique, que son ami Sartre. La chance, c'est une chose avec laquelle on vit, comme on vit avec un dieu, un petit génie sur l'épaule, comme on vit avec un au-delà. Il peut arriver des choses qui me sont favorables et je tâche d'en profiter. Par exemple, il y a eu ce fait excep-tionnel d'avoir été condamné à mort mais d'y avoir échappé en prenant l'identité d'un jeune Français décédé du typhus, qui fut envoyé au crématorium avec mon identité.

C'est un moment extraordinairement important. Comment l'ai-je vécu ? À chaque instant de cet emprisonnement, j'avais en tête les poésies que ma mère m'avait apprises quand j'avais quinze ans. Cette poésie est pour moi la meilleure façon de s'évader de la tristesse envahissante et de la peur glaçante. Cette question – quelle est la vie qu'un homme peut et doit essayer de vivre –, je l'ai abordée avec la conviction qu'il suffit d'avoir un certain nombre de pôles fondamentaux : la poésie, la chance et le goût de l'autre, la médiation, la compassion. Si l'on a déjà éprouvé un certain nombre de moments où cette combinaison a été victorieuse, voilà qui donne un sens à chaque épisode ultérieur de la vie.

Cette vie, je l'ai prise comme elle venait, avec une certaine candeur, même. Avec un héritage de ma mère. Je parle toujours d'elle, Helen, comme ce qui m'est arrivé de plus important. Elle m'a dit un jour : « Il faut être heureux et le bonheur que l'on vit, il faut le répandre autour de soi. »

En d'autres termes, c'est en se considérant soi-même comme heureux que l'on peut rendre heureux les autres et vivre une vie de bonheur. Alors, est-ce que le bonheur est quelque chose que l'on attire avec force, ou est-ce qu'on le voit venir ? Peut-être, me sachant déjà chanceux, ai-je abordé certaines étapes de ma vie en me disant : « Toi qui as de la chance, vas-y, tu vas arriver à quelque chose. » Or, bien souvent, je ne suis arrivé à rien. Il ne faut pas considérer ma vie comme une succession de succès : j'ai eu beaucoup d'échecs. Je dirais presque que, si on regarde maintenant ma biographie, le nombre d'échecs est plus grand que le petit nombre de succès… mais je ne me suis jamais laissé déstabiliser. Les échecs me sont apparus comme nécessaires pour aller plus loin. Et là, la résilience, c'est-à-dire la capacité à continuer malgré tout, m'a beaucoup servi.

Je me souviens d'une conversation avec Jean-Paul Dollé qui avait abouti à cette conclusion : tous comptes faits, la vie bonne est une vie où la confiance en soi, malgré tous les échecs, s'accumule. Et elle devient d'autant plus forte qu'elle est alimentée par une émotion de l'imaginaire. À côté de tout ce qu'on vit et qui peut être tellement ennuyeux, il y a toujours le recours à l'art, à la poésie. Réciter un vers de Baudelaire pour que, tout à coup, tout s'éclaire. Se rendre à Sansepolcro admirer une *Résurrection* de Piero Della Francesca pour élever son âme. À côté de la vie laborieuse du diplomate que j'étais, enfermé dans l'impossible mission de faire passer tel ou tel texte, il y a toujours eu pour moi l'éblouissement de l'imaginaire.

Un courage sublime : la force d'âme

Pour comprendre l'âme, il me semble qu'on pourrait se rapporter à la définition du don par le sociologue Marcel Mauss, qui souligne que son sens véritable, c'est de provoquer un don en retour – un « contre-don ». C'est par des échanges de dons que l'on peut faire progresser une harmonie. J'insiste sur ce mot : « harmonie », car je voudrais lui conférer son sens le plus fort dans une société qui devient de plus en plus nombreuse, de plus en plus atomisée, et qui a de plus en

112

plus de mal à concevoir les modes d'un vivre-ensemble harmonieux. Surtout à l'heure des relations électroniques, même si Sloterdijk a raison de rappeler qu'il ne faut pas dénigrer la superficialité des rapports créés par le Net, parce que toutes les relations humaines se développent entre profondeur et superficialité. Je pense néanmoins que nous avons en quelque sorte oublié les formes de l'être-ensemble.

Dans les grandes philosophies qui figurent dans des sociétés très différentes mais qui ont en commun d'avoir survécu pendant des millénaires, on devrait bien trouver un élan qui permette à chacun de n'avoir pas besoin de Facebook pour être en contact tout de suite avec sept mille personnes, mais de sentir qu'il y a des correspondants, des « oreilles parentes », qui lui permettent de faire surgir collectivement un désir qui devienne une œuvre.

Cette notion d'œuvre est pour chacun de nous ce qu'il a de plus important. Pour un individu, sa vie peut être une œuvre, ou bien il peut être l'ouvrier d'une œuvre qui existera pour les autres. Ce mouvement-là, je le vois exister en chacun de nous, mais il peut être opprimé par les deux grands dangers suivants : la répression politique qui étouffe toute voix discordante et le cynisme des possédants jaloux de la créativité des autres.

C'est contre ces deux forces conservatrices que l'individu doit s'insurger et créer une autre perspective. L'individu quel qu'il soit, mais jamais seul, jamais isolé ; l'individu social, vivant avec les autres, avec cet objectif d'œuvrer à quelque chose. C'est le sens de cette énigmatique suggestion qui orne la conclusion de mon petit *Indignez-vous* : « Créer, c'est résister. Résister, c'est créer. »

Derrière cette banalité sentencieuse, il y a l'idée qu'une insatisfaction, une indignation doit engendrer une résistance contre ce qui la cause. Et pour résister il faut faire donc créer. De même, lorsque quelqu'un éprouve le besoin de créer, il s'aperçoit très vite qu'il en est empêché par des forces qui l'oppriment et il doit donc, pour cela, résister à ces forces – les confronter et leur imposer sa volonté.

C'est une forme de « production de soi », pour parler avec les mots de Sloterdijk. Les animaux s'y exercent peut-être aussi, mais leur exercice est limité à ce qu'emprisonne leur instinct. L'homme est par excellence l'animal qui s'est trouvé, sans doute par la parole, en mesure de faire œuvre ; et de créer en résistant à ce qui l'empêche de faire passer dans la réalité ce qu'il porte intimement en lui.

L'unité d'un homme

Cette réflexion me renvoie à la création artistique. J'en reviens donc à l'harmonie. L'harmonie est le résultat d'une diversité plus ou moins contradictoire qui trouve son équilibre. Comme dans un orchestre, où se joignent les voix les plus discordantes dans un ensemble magnifique. Mais l'équilibre n'est pas premier. Ce qui est premier c'est la diversité, c'est l'opposition ; et ce qui sort de l'opposition peut être l'harmonie. Dans le dépassement des contraires se construit ce déploiement merveilleux, reconnaissable par chacun.

Et c'est aussi valable pour l'unité d'un homme : dans la diversité des passions et des pulsions contradictoires, il grandit et se forge. Je crois qu'il faut se représenter l'homme comme un être constamment confronté à des oppositions, intérieures et extérieures, et qui est capable de faire de ces oppositions une œuvre où tout s'accorde.

Sans renoncer à lui-même. Bien au contraire. Mais en trouvant ce qui en lui est plus fort que les deux éléments qui ont l'air de vouloir se détruire mutuellement. En ce sens, la philosophie n'est qu'une des possibilités offertes à l'être humain ; parce que d'une certaine façon, elle est un renoncement à l'action. Se réfugier dans la sagesse, ce n'est pas transformer le monde.

La philosophie observe, cherche à comprendre et à savoir pourquoi le monde fonctionne bien ou mal ; elle donne éventuellement quelques idées sur la façon dont il pourrait fonctionner autrement mais elle reste modérée, distanciée. L'art consiste, au contraire, à reconnaître que la réalité est diverse, compliquée, oppositionnelle, pulsionnelle, peut-être même prise dans une *Zwickmühle*, une sorte de traquenard, dont on peut sortir seulement en créant une autre réalité en vibration avec l'âme, qui constitue le lien entre tous les êtres.

Mais qu'est-ce que c'est que l'âme ? L'âme est pour moi cette larme qui coule de mes yeux, et ce sont les yeux de l'humanité tout entière. Il est des poésies que je ne peux réciter sans pleurer. J'y retrouve cette émotion de l'art et je pense que par exemple, pour Rilke, le torse d'Apollon a un effet émouvant si fort qu'il se dit que de cette mutilation doit émerger une puissance.

Il reste pour nous tous beaucoup de problèmes inso-lubles. Aussi la question est-elle de savoir si nous allons avoir suffisamment de confiance dans notre courage. Pour moi, l'essentiel est là. Il ne suffit pas de ne pas être indifférent, il faut encore se dire que ce qui nous attend n'est pas insurmontable, que nous avons en nous des énergies encore insuffisamment utilisées, des aspirations à des valeurs qui nous paraissent encore trop lointaines… Si nous pouvons sentir l'impossible comme possible, atteignable et puissant, nous pouvons devenir des faiseurs d'harmonie.

Il faut reconnaître que pour le moment, les relations humaines souvent se terminent mal : les hommes, les femmes, les enfants, les grands-pères, les arrière-petits-enfants, ne vivent pas toujours en bonne entente entre eux. Il y a là aussi un effort formidable à faire pour que les êtres trouvent leur incitation à dépasser le conflit et à aller vers la compréhension, donc vers la compassion. Il faudrait investir les belles valeurs avec la même ardeur que les gens emploient pour investir en Bourse. Et c'est autrement plus rentable à la longue !

La passion amoureuse est un investissement magnifique. Quiconque a jamais connu cet élan du grand amour saura de quoi je parle. Même si ce n'est pas forcément réciproque. Je confesse nourrir quelques doutes sur l'amour réciproque. Je crois que trop souvent, c'est une façon de contenir la passion. Alors comment faire de l'autre cet idéal que l'on a trouvé en lui au premier regard ? Voilà le vrai exercice. J'en reviens à cette redécouverte de l'ascèse, à travers le dernier livre de Peter Sloterdijk. J'ai tout de suite ouvert mon dictionnaire pour voir la signification en langue française du mot « ascèse ». C'est un exercice qui repousse les limites qui sont normalement imposées à l'action. Et je trouve que c'est une façon très forte de concevoir l'homme comme un être capable de se surpasser. Le terme provient d'ailleurs du vocabulaire des athlètes antiques. Au début, il ne signifie rien d'autre que l'entraînement. Mais l'entraînement est déjà une approche de l'invraisemblable. Et Sloterdijk fait ainsi remarquer que le sport antique est la preuve vivante du fait que les performances des uns ne sont jamais sans signification pour ceux qui les observent. Même s'ils ont conscience du fait qu'ils ne seraient pas capables de répéter ce qu'ils viennent de voir, cela les touche au vif. Les acrobaties et l'athlétisme possèdent une charge anthropologique que les observateurs remarquent immédiatement, car ils comprennent que cela les regarde, que l'être humain, quand il fait des efforts, peut se dépasser.

Nous assistons aujourd'hui à une crise des modèles dans la société, dans le sport corrompu par l'argent, mais aussi dans la peinture et dans quelques autres disciplines. Or la fonction du modèle doit rester plus ou moins intacte, car c'est lui qui permet la transmission de l'art et du métier. Ces transmissions sont encore opératoires, mais dans bien des cas, le statut du modèle est devenu précaire et fissuré. Et c'est une source de découragement. Les gens ne comprennent plus où prendre l'orientation, qui se trouve dans une vertu incarnée.

Je partage l'inquiétude de Sloterdijk à cet égard. Il me paraît évident que, notamment en matière de leadership politique, cette crise des modèles s'aggrave d'année en année. Et la marche aux échéances politiques françaises de 2012 n'a pas vraiment eu raison de mon inquiétude, au contraire. La crise des modèles est un problème éthique.

Le dernier volume de *La Méthode* d'Edgar Morin s'intitule « L'Éthique ». L'éthique, quel mot merveilleux… Mais comme tous les mots magiques, il peut avoir parfois des sens cachés. Il faut le prendre avec prudence. On en revient à Aristote : l'éthique se distingue de la morale qui relève plutôt, selon moi, d'une convention acceptée par telle ou telle société à un moment donné ; un code de conduite, en quelque sorte, qui indique comment il faut se comporter. C'est la société qui définit sa morale. Il est donc autorisé de parler avec un peu d'agressivité, en tout cas avec un jugement, de la morale bourgeoise ou de la morale conformiste, souvent hypocrite. Mais l'éthique, c'est autre chose… Pour faire vite, disons que la morale est publique, quand l'éthique est personnelle.

L'éthique se définit par rapport à une situation donnée ; c'est l'acte juste au moment juste. Ce qu'on retrouve aussi sous cette forme dans *La République* de Platon, qui s'occupe beaucoup de « justice », voire dans la notion hindoue de *dharma*. L'acte juste porte sa vérité et sa justice selon sa nature, mais aussi selon la personne qui agit et selon la situation à laquelle il répond.

L'éthique s'ancre donc dans nos réactions au réel. Ces réactions peuvent se caractériser en fonction d'un intérêt propre, individuel – c'est classique et compréhensible –, en fonction de l'intérêt de ceux qu'on aime, ou éventuellement en fonction de l'intérêt du plus grand nombre. Il y a quelque part dans *L'Esprit des lois* un bel enchaînement de Montesquieu sur cette imbrication des intérêts, qui ne s'arrête qu'à celui de l'humanité tout entière. Je précise que je crois fermement à cette idée d'un intérêt supérieur de l'humanité, au fait qu'il existe un sens de ce qui est bien et de ce qui est mal à l'échelle globale. Et c'est autour de ça que doit se construire le corpus des valeurs universelles.

La chance que j'ai eue, au sortir des horreurs, d'être présent et associé à la rédaction du texte par excellence destiné à définir ce corpus, à lui donner la simplicité, la lisibilité nécessaires pour être accepté par tous, fonde sans doute ma conviction inébranlable que les sociétés humaines ont un bel avenir.

Les douze rédacteurs ont mis trois ans, de 1945 à 1948, pour se mettre d'accord sur les libertés et les droits que comporte la Déclaration, et surtout pour lui donner ce brevet d'universalité unique dans l'histoire des textes internationaux. Il ne s'agit donc nullement de la formulation d'une morale qui serait celle des sociétés occidentales, des démocraties de l'Ouest avec un peu de respect pour l'Est. Non. L'ambition est plus forte. C'est bien d'éthique qu'il est question dans cette Déclaration universelle des droits de l'homme.

Et j'en tire le fondement de mon optimisme. Je crois au progrès de l'humanité, si contradictoires que puissent en être les étapes, avec des avancées et des reculs, des poussées collectives et des percées individuelles.

Moi l'Occidental, le cartésien, pétri de philosophie grecque et allemande, agnostique et rationnel, j'éprouve une curiosité réelle pour le bouddhisme. D'abord parce que ce n'est pas un monothéisme, et je suis un adversaire acharné des monothéismes. Quand on me demande comment je fais sans Dieu, je réponds dans un mouvement d'orgueil provocateur que je me débrouille très bien tout seul. Mais ce que j'aime chez les bouddhistes, c'est l'enseignement de cette sorte d'éveil de la conscience à travers des exercices où corps et mental sont liés. Je pense ainsi que nous pourrions essayer – pas forcément en devenant tous bouddhistes, mais en réfléchissant comme eux – d'aborder les problèmes graves auxquels nous devons faire face en disant : voilà comment on peut essayer d'y répondre à travers des valeurs sur lesquelles on peut faire l'unanimité, universellement, de ceux qui ne sont pas encore au pouvoir, qui ne sont pas encore en possession des moyens financiers essentiels, mais qui peuvent, peu à peu, avoir de l'influence. Rendre le monde aux hommes, en quelque sorte.

Quand on m'oppose la fameuse objection réaliste, qu'on me traite de doux rêveur, je confesse mon embarras. C'est une objection à laquelle il n'est pas facile de répondre. L'état des lieux est suffisamment déprimant pour vous faire perdre toute confiance, tout espoir ; mais c'est là qu'il est intéressant d'être très vieux et de se dire avec le recul de l'âge qu'il y a déjà eu bien pis et que ces choses épouvantables ont trouvé leurs solutions. L'Europe, par exemple. La construction européenne et les institutions de l'UE sont devenues des sujets récurrents de complainte politique plus ou moins honnête. Pourtant, quand on y songe, depuis 1957, et surtout depuis 1989, tous les Européens (à l'exception des Balkans), et aussi en grande partie les Russes, vivent ensemble, plutôt pacifiquement. Impossible de ne pas y voir un progrès quand on compare à ce que nous avons connu dans l'histoire du XVIIIe ou du XIXe siècle, ou encore du XXe siècle.

La vieillesse offre au moins cette perspective : on relativise ce qui va mal en comptant tous les obstacles déjà franchis. Il n'y a donc aucune raison logique à ce que cette dynamique s'interrompe. Après tout, il y a eu Hiroshima et Auschwitz, alors l'échec de Copenhague, ou les demi-défaites de Cancun sont graves, certes, et décevantes, mais elles laissent un peu d'espoir.

Car au moins, nous savons pourquoi c'est grave et comment ça devrait être modifié. J'en reviens à l'« éthique » : si nous sommes conscients de l'importance de ces valeurs que nous prétendons porter, et que nous pensons pouvoir avoir de l'influence parce que nous sommes en contact de plus en plus largement avec tous les hommes et les femmes du monde, il n'est pas permis de désespérer. Naturellement, il y aura toujours des frontières, mais les frontières doivent servir à être dépassées, devenir des lieux de passage. Et si beaucoup de frontières deviennent autant de portes, alors peut-être que, avec les valeurs de justice et de tolérance que nous ferons passer à travers elles, nous arriverons à une « collectivité des sociétés humaines » qui serait d'accord sur ce qu'il est indispensable de mettre en œuvre. Et tout sera fait ensemble, tout simplement parce que pour chacun des membres de cette collectivité, il sera nécessaire et universellement reconnu que notre survie sur terre dépend de cette entente, et notre vie en sera plus belle. Est-ce une utopie rêveuse ? Peut-être… Mais ne peut-on croire qu'un jour Éros puisse vaincre Thanatos ?

Chant du destin d'Hypérion

Vous foulez en haute Lumière
  Un tapis souple, ô Génies bienheureux !
    Le brillant vent des Dieux
      Vous frôle à peine,
        Comme doigts de musicienne
          La sainte lyre.

Sans destin, comme un nourrisson
  Qui dort, respirent les Célestes ;
    Gardé chaste
      En un discret bourgeon,
        Fleurit sans fin
          En eux l'Esprit,
            Et leurs yeux bienheureux
              S'ouvrent en calme,
                Éternelle clarté.

Mais à nous n'est donné
  De nul port le repos,
    Ils passent, ils plongent
      Les hommes qui souffrent,
        Sans rien voir, d'une heure
          À l'heure suivante,
            Comme une eau de roche
              En roche lancée,
                Au long de l'an au fond de l'inconnu.

Friedrich Hölderlin,
traduit de l'allemand par François Garrigue,
Œuvre poétique complète, Paris,
éditions de la Différence, 2005.

Apprendre à s'engager

L'essence d'un chef

S'engager n'est pas une attitude naturelle. Rester libre de tout engagement, garder sa vie privée protégée de ce qui peut la bousculer, représente une tentation permanente qui devient irrésistible lorsqu'on observe les partis politiques, les organisations nationales ou internationales avec scepticisme, parfois avec dédain ou avec colère. Échapper à ce premier mouvement n'est possible qu'à l'aide d'une réflexion nourrie par la connaissance de l'histoire, l'écoute de ceux qui l'ont vécue.

Quand nous, les vieux, nous vous demandons de vous engager, il faut d'abord vous expliquer qu'aucun changement dans le fonctionnement de nos sociétés n'a pu être obtenu sans l'engagement d'une fraction plus ou moins large de ses citoyens.

Parfois il a suffi d'un homme ou d'une femme, marqués par leur courage mais aussi par leur lucidité qui leur a permis de comprendre que tout n'était pas perdu. Jeanne d'Arc pour la France livrée aux Plantagenêts, de Gaulle pour l'Europe livrée aux nazis.

Plus souvent, ce sont des multiplicités de volontés concourantes qui font avancer. Certaines sont mieux organisées que d'autres. Cherchez celles qui aujourd'hui vous inspirent confiance. Apportez-leur votre énergie, votre dynamisme, les rendant ainsi davantage capables de bousculer un état de fait déplorable.

Dans son essai passionnant, *Le Dérèglement du monde* [1], Amin Maalouf a des phrases très pertinentes sur « les légitimités égarées » des différents régimes politiques, qu'ils soient autocratiques et despotiques ou démocratiques et libéraux. Je crois que la légitimité n'a rien de naturel ; elle se construit et se déconstruit, au gré des personnalités concernées et des conditions historiques de sa production.

La clef du pouvoir moderne réside dans cette question de la légitimité – que celle-ci se trouve dans la force et la peur, la richesse et l'influence, ou l'État de droit et la démocratie, chaque régime accouche de la forme de légitimation du pouvoir que ses conditions historiques et sociales lui permettent. La démocratie est un long cheminement, et nos régimes sont loin d'être au bout.

L'épuisement des légitimités nourrit une angoisse sourde et diffuse, se traduisant par des formes de révolte : une révolte saine éprise de liberté en ce qui concerne le monde arabe aujourd'hui, mais une révolte amère empreinte de ressentiments populistes dans nos contrées. Si, aujourd'hui, il existe dans le monde un tel sentiment de perte des repères et un tel égarement, j'ai tendance à penser que cela est lié au sentiment de n'être

1. Amin Maalouf, *Le Dérèglement du monde*, Paris, Grasset, 2009.

plus dirigé. Qu'on me pardonne de répéter ce petit exercice d'admiration, mais je dois me livrer encore à l'éloge d'un ami frondeur et libertaire, rétif aux étiquettes et à certaines responsabilités.

J'ai, on le sait, une grande considération pour Dany Cohn-Bendit, parce que c'est quelqu'un qui a su, dans des moments importants, des moments « historiques » comme on dit, trouver les mots et les formules justes et pertinents. Un leader se reconnaît à ce qu'il – ou elle – donne du sens au moment où se trouvent ceux qui veulent bien l'écouter. Il faut « faire sens », comme disent les Anglo-Saxons : c'est-à-dire poser les questions cruciales et y apporter des éléments de réponse. Cela n'exclut pas l'erreur de jugement ou d'appréciation ponctuelle – je suis sûr que certains choix qui paraissent pertinents au moment de la décision se révèlent en fin de compte plus mauvais qu'on ne le croyait. Ainsi, nous avions tous applaudi aux accords de Dayton, qui n'ont pourtant rien réglé sur le long terme – et ont même entériné le découpage ethnique de la Bosnie... mais enfin quoi, il fallait arrêter le massacre !

Cela dit, erreur ou non, l'essence d'un chef, c'est la capacité à éclairer le monde, la situation, la croisée des chemins, et à désigner des objectifs : « Il faut aller comme ça, et vers ça. » Quand Emmanuel Kant affirme que l'homme a besoin d'un maître, il ne veut pas dire que les gens sont des veaux ou des moutons sans autonomie ni esprit critique – il nous rappelle seulement le paradoxe du pouvoir politique, du pouvoir juste, soumis à la tension entre l'universalisme des valeurs qui doivent l'inspirer et les tendances égoïstes de chaque individu. Il nous rappelle que la tâche fondamentale de tout maître, c'est l'émancipation. À l'école comme en politique.

La médiocrité contemporaine produit davantage de querelles de personnes entre intérêts particuliers que de vraies discussions sur les enjeux et les finalités de nos existences. Dans son essai *La Mobilisation infinie* [1], Sloterdijk donne ce jugement très sévère sur le personnel politique de notre époque : « En dernière analyse, il est sans importance de savoir si tel ou tel homme politique a l'étoffe d'un dirigeant ; s'il appartient à tel ou tel parti ; s'il a de meilleures intentions avec les intérêts des salariés qu'avec ceux du capital financier ; s'il cultive une communauté de valeurs avec les hommes de bonne volonté aux congrès synodaux ; s'il se bat pour son portefeuille avec des prostituées devant un hôtel new-yorkais. Ce sont là des péchés véniels ou des vertus secondaires. *Ce qui est décisif c'est de savoir si tel ou tel homme politique peut se prévaloir d'une conscience avancée des problèmes.* »

Quelqu'un comme Dany a toujours été capable de désigner l'objectif et le chemin avec un certain degré d'optimisme raisonné, et ses mots sonnent juste. Sa lucidité lui impose de reconnaître quand quelque chose est mal engagé, et comme moi, il s'inquiète à juste titre des tendances malsaines à l'œuvre en Europe aujourd'hui. Mais il ne renonce pas et considère que « si ça va mal, c'est que ça peut aller mieux ! À condition de... ». C'est une forme d'engagement et de pari optimiste sur l'improbable, sur le sursaut et le sursis qui nous rassemble.

1. Peter Sloterdijk, *La Mobilisation infinie*, Paris, Christian Bourgois, 2000.

Lui dirait modestement que les conditions historiques de nos engagements respectifs marquent une
nette différence – après tout, juin 40 et mai 68, ce n'est
pas comparable. Mais je considère que cela n'ôte rien
au sens de l'engagement dans l'histoire.

Par la force des causes :
être-au-monde dans le mouvement de l'histoire

La perte des autres est ce que j'ai connu de pire. Nous
sommes arrivés à trente-six à Buchenwald. Sur ces
trente-six, seize ont été pendus, quatorze ont été
fusillés. Seuls trois ont été sauvés. Je n'ai pas ressenti
du désespoir, ce n'est pas le mot, mais de l'abattement
devant tout ce qui se passait, qui était scandaleux et
insupportable. Alors, j'ai essayé d'opposer à tout ce qui
allait mal la notion d'indignation ; il m'a semblé que
c'était le message que je pouvais transmettre à ceux qui
se demandent que faire de leur vie – une question fondamentale. La vie, il faut qu'elle serve à quelque chose, et
elle peut servir à beaucoup de choses agréables, à
l'amour, à la poésie, à l'imaginaire. Mais elle doit aussi
servir à une volonté de résister à ce qui vous scandalise.
    On m'emmène dans les lycées et dans les collèges
pour parler de la Déclaration universelle des droits de
l'homme, parce qu'on m'a attribué un rôle essentiel
dans la rédaction de ce texte fondateur… C'est, par
ailleurs, très exagéré. Je n'étais qu'un jeune petit diplomate, frais émoulu du concours du Quai d'Orsay,
recruté par les Nations unies pour s'asseoir à côté de
gens très sérieux comme René Cassin, Eleanor Roosevelt, Charles Malik, qui, eux, travaillaient à la rédaction

d'un texte. Mais j'étais là, et je vivais la mise en forme de valeurs universelles. J'en ai retiré un formidable bénéfice moral et intellectuel. Participer à cette réflexion sur les libertés formelles, fondamentales, sur les droits civils, économiques, sociaux, dont nous avons tous besoin, vous donne quelques bases ! Et il me semble qu'un jeune qui n'est pas conscient de l'existence de ces valeurs et de leur mise à mal un peu partout dans le monde, y compris sûrement dans son propre pays – quel que soit le pays dont il est le ressortissant –, s'il n'a pas cette stimulation-là, il perd une bonne partie de ce qui fait le bonheur de vivre.

Je crois qu'on est heureux, dans la vie, quand on est engagé.

Est-il seulement possible de vivre sa vie sans s'engager ? L'engagement est une forme de réaction à l'histoire – c'est Zola qui refuse le sacrifice d'un innocent à l'honneur de la nation, c'est Jean Moulin et ces premiers Français qui rejoignent Londres dès juin 1940, c'est Geremek qui reste à Gdansk en 1980 quand Walesa le lui demande. Mais le prix, c'est souvent l'oubli de soi et pour beaucoup, la fin de la tranquillité d'âme, la privation de liberté personnelle et même la souffrance ou la mort.

J'ai eu aussi la tentation du désengagement. Après la Résistance, l'épreuve des camps, le maelström de la construction de l'ONU, au bout de cinq ans aux Nations unies comme jeune fonctionnaire international, associé à des choses merveilleuses, comme la mise en place des institutions mondiales pour la santé, le travail, les réfugiés, l'éducation, la science et la culture, j'ai néanmoins voulu changer de vie, rentrer en France, quitter New York où je saturais ; je me suis imaginé suivre les traces de mes parents écrivains. Essayer d'écrire. J'ai pris mon stylo et j'ai écrit « La société du vouloir-faire ». Ce devait être une œuvre magistrale qui transformerait la situation du monde.

Cette phase a duré trois mois. Le temps de m'apercevoir que le texte ne valait rien et que je ferais mieux de revenir et de travailler à nouveau en liaison avec les Nations unies. Cela a abouti, quelques années plus tard, à la collaboration avec Pierre Mendès France, en particulier sur le dossier Indochine.

Depuis, je n'ai plus jamais eu ce désir de retrait qui peut nous saisir après les épreuves, l'envie de me consacrer uniquement à la poursuite de mes lubies personnelles. Et je dois dire que si je n'ai pas poursuivi – j'aurai pu essayer d'améliorer ce début de texte –, c'est parce que j'ai senti que je n'étais pas fait pour être essayiste, ni écrivain. J'ai donc repris le pli, cette petite routine où on fait des rapports au ministre en lui disant : « Il me semble indispensable que désormais… etc. » Et le ministre lit votre rapport très gentiment et même, quelquefois, vous fait un compliment en vous disant : « Votre rapport m'a beaucoup intéressé. Donc je l'ai mis dans le tiroir de gauche et pas dans le tiroir de droite. »

Depuis, de diplomate, je suis devenu le militant d'une certaine idée de la justice et des droits de l'homme. Un passage de l'engagement politique par la diplomatie à l'engagement politique dans la société et par la société. Je suis désormais arrivé à un moment où, comme tout le monde quand on vieillit beaucoup, je ne suis plus tributaire d'une carrière ou d'une fonction. La dernière fonction que j'ai occupée fut de représenter la France à la conférence de 1993 sur les Droits de l'homme à Vienne, en pleine guerre des Balkans. Un moment terrible, et mon dernier acte de représentation officielle – depuis, je ne représente plus que moi-même et, du coup, je suis tenté de mettre mon énergie à la disposition de causes.

Toutes proportions gardées, je me situe un peu dans l'héritage de Sartre. Ce qui m'a beaucoup plu chez lui, c'est qu'à partir d'un certain moment il ne faisait plus de distinction trop subtile entre les « bonnes » et les « mauvaises » causes. C'est une cause, donc il faut la défendre. Il m'arrive maintenant parfois de me laisser piéger de la même manière que Sartre.

Il y a trois façons pour un homme de se préoccuper de son avenir

Revenons un instant sur cette expérience d'écrivain raté. J'avais trente-deux ans, je venais de quitter mon poste aux Nations unies, et dans ces trois mois tranquilles qui s'annoncent, je me dis qu'il faut écrire. L'expérience que j'avais accumulée jusque-là était celle d'un monde qui paraissait désormais ouvert à tous les peuples et à toutes les nations. C'est ce que Roosevelt avait voulu : faire une vraie grande organisation où tous pouvaient être représentés. Mon objectif était de réfléchir à ce que pourrait devenir cette société mondiale.

Il y a trois façons pour un être humain de se préoccuper de son avenir. En somme, de faire ce que Sloterdijk appelle, dans *Tu dois changer ta vie*, « l'exercice humain », c'est-à-dire « la production de l'homme par lui-même ». À l'époque, j'en donne une formulation très pragmatique en identifiant trois formes de vouloir : il y a le vouloir-être, le vouloir-avoir, et le vouloir-faire. Le vouloir-être correspond pour moi à cette longue période où il fallait être noble pour « être » ; la naissance et l'ascendance définissaient l'essence. Mais cette période s'est achevée avec la Révolution française. Vient ensuite une période bourgeoise où tout se résume à l'avoir. « Je suis quelqu'un parce que je possède » : ma maison, mon métier, ma femme, mon argent, mon capital… Mais cette approche, elle aussi, a trouvé ses limites avec l'épouvantable crise de 1929. Je songeais donc qu'il fallait trouver quelque chose de nouveau, que j'ai voulu appeler la « société du vouloir-faire ». À un moment donné, on construit un cadre où les hommes sont là pour se dépasser, pour devenir eux-mêmes à travers ce qu'ils font. Et naturellement s'ils peuvent créer, par exemple s'ils deviennent artistes, alors ils vont là où le faire est le plus important.

J'en ai tiré une centaine de pages qui ne valaient rien et que j'ai jetées immédiatement. Pourtant, depuis, je n'ai cessé de ruminer cette réflexion. : il doit tout de même être possible de comprendre l'essence, la nature de ce que nous sommes en train de construire à travers cette société mondiale. Le phénomène est complexe. On pourrait céder à la tentation d'une sorte de mécanique dialectique, à la manière de Hegel : du particulier à l'universel, on passerait ainsi du local au national, puis du national au global.

Il y a aujourd'hui un grain de sable dans l'engrenage, un blocage dans lequel nous sommes coincés. Ce blocage, seul le citoyen peut contribuer à le faire sauter. Dans le jeu itératif à trois où s'équilibrent tant bien que mal le pouvoir politique, les forces financières et économiques et le citoyen, enjeu et source des deux autres, c'est ce dernier qui détient les clefs d'une équation que ni les gouvernements, ni le pouvoir économique ne sont en mesure de résoudre. Prisonnier du pouvoir politique, lui-même esclave du pouvoir économique, le citoyen est en réalité le seul levier, le cœur du système, qui peut encore se mettre à battre selon ses humeurs. Il suffit qu'il réagisse, qu'il prenne conscience de son pouvoir pour retrouver les fondements de l'action publique. Il se souvient avec La Boétie qu'il n'obéit aux forces qui s'exercent sur lui que parce qu'il le veut bien – que « sa servitude est volontaire ». Le raisonnement ensuite est très simple : renverser le triangle pour y remettre le citoyen à la pointe supérieure. Faire en sorte que les forces qui s'exercent sur lui soient à son service et non le contraire. C'est ce qui m'a poussé à remettre au goût du jour cette vieille notion, l'indignation.

Sloterdijk m'a fait l'honneur et l'amitié d'utiliser mon petit livre à succès pour développer une vision originale de l'histoire. Il considère ainsi que les origines de l'indignation remontent à une époque où la déception des citoyens vis-à-vis de leur propre patrie commençait véritablement. Selon lui, on devrait même dire que la philosophie est en soi fille de l'indignation, de cette déception. Ainsi, après les trente ans de la guerre du Péloponnèse entre Sparte et Athènes, les citoyens de la ville d'Athènes avaient perdu confiance en leur propre communauté politique. Et c'est le même mouvement qui a conduit la philosophie à réaliser à son tour une sécession spirituelle d'avec la communauté politique qui avait si brutalement trahi ses promesses de bonheur, de justice et de paix. Depuis ce moment-là, l'histoire des idées en Europe jouerait l'éternel retour d'une déception vieille de plus de deux mille ans. Finalement l'indignation, et l'exhortation à s'indigner, s'inscriraient dans le grand mouvement de cette déception d'êtres humains mécontents de participer à une communauté ignoble – c'est-à-dire « non noble ». Car il y a aussi une dimension de « fierté retrouvée » dans le fait de s'indigner. La notion de dignité est à la racine du mot « s'indigner », car celui qui s'indigne se remémore une dignité perdue. Ce geste rétablit cette mémoire.

Mais tout cela va beaucoup plus loin. Il est intéressant de noter que l'indignation s'apparente à une métamorphose ou à une alchimie politique qui produit une réaction noble (la lutte, l'engagement) à partir d'une matière première beaucoup moins noble (le ressentiment, la colère).

Pour Sloterdijk, cet appel à l'indignation est essentiel car il propose d'élever cette « réaction alchimique » vers des actions plus libres, plus dignes, plus nobles, dépassant le niveau de ce qui les a initialement provoquées. Car il serait très dangereux de déclencher les énergies telles qu'elles sont à l'état brut. Il faut les transcender.

De mon côté, en le lisant, j'ai redécouvert à quel point l'Antiquité représente un socle de valeurs universelles, et finalement éternelles. Ces valeurs ont connu de nombreuses transformations au cours de l'histoire, avec des pics et des reculs, mais elles constituent encore une base suffisamment solide pour que nous puissions nous redresser et nous tenir debout en nous appuyant sur elles. Chez Platon, chez Aristote et, selon moi, peut-être davantage encore chez Héraclite et Parménide, il y a un socle de pensée signifiante pour comprendre la vie et le monde ; un socle que j'ai retrouvé à deux moments cruciaux de mon existence : dans la Résistance, avec les fortes convictions du Conseil national de la Résistance puis aux Nations unies, dans les textes de la Déclaration universelle. En particulier dans son article premier, que je cite toujours *in extenso*, tant il me paraît fondamental : « Tous les êtres humains naissent libres et égaux en dignité et en droit. Ils sont doués de raison et de conscience, et ils doivent agir les uns envers les autres dans un esprit de fraternité. »

C'est là que réside l'essence du citoyen. Le citoyen est celui à qui ces droits fondamentaux doivent être garantis par les pouvoirs politiques – autrement dit, les États. Et lorsque les États manquent à leur mission, le citoyen a le droit et le devoir de protester. Il a raison de lutter, mais surtout, il a besoin de retrouver sa dignité en s'indignant.

C'est un raccourci, bien sûr. Sloterdijk le rappelle ailleurs, mais les fondements classiques de la pensée européenne ont fait beaucoup de détours pour arriver à la modernité. En fait, poursuit-il, la réaction primordiale de la philosophie antique fut moins la participation à la vie politique que le retrait. Parce que la philosophie est en quelque sorte fille de la défaite et de la déception, elle ne croit plus à la possibilité pour un être intègre et raisonnable de s'intégrer dans la communauté existante. Un recul donc, pendant presque deux mille ans, parce que au temps des monarchies on avait finalement moins besoin de philosophes que de religieux. Refoulée par l'intelligence religieuse, la philosophie ne serait revenue qu'après la Révolution française, pour « interpréter cette fois de modernes déceptions ». Finalement, la grande différence des Modernes par rapport aux Anciens, c'est de refuser la résignation. L'Antiquité vivait dans l'équation entre sagesse et résignation.

Mais les Modernes n'entretiennent pas le même rapport à la déception. Leur réflexe : ce qui est pourrait être différent – donc meilleur… Alors la déception devient force motrice, productrice d'un mouvement vers un avenir meilleur. C'est d'ailleurs la matière même du livre majeur d'Ernst Bloch, *Le Principe espérance* [1].

Le danger néanmoins, c'est que, si cette force qui nous anime ne réussit pas à transformer l'état dans lequel nous vivons, nous retombions dans la déception et nous enfermions à nouveau dans la religion. C'est ce qui a pu se passer à divers moments de notre histoire récente. Mais à présent, sous la pression d'une crise qui se globalise, il devient possible et urgent de renouer avec la tradition philosophique qui admet que cela ne peut pas continuer ainsi et que « tu dois changer ta vie ».

*Les droits de l'autre homme :
le défi de l'interdépendance*

La crise multiple que nous traversons est profonde, brutale et dangereuse. Mais, comme le rappelle toujours malicieusement Edgar Morin, les crises sont justement des moments où la conscience du danger découvre les voies du salut. Assurément, la crise nous offre l'occasion d'une prise de conscience généralisée. Les

---

1. Ernst Bloch, *Le Principe espérance*, traduit de l'allemand par Françoise Wuilmart (3 vol.), Paris, Gallimard, 1976, 1982 et 1991.

hommes et femmes, en Occident mais pas seulement, peuvent ainsi prendre conscience que l'exercice d'« être » humain peut l'emporter sur des pesanteurs terribles comme le goût de la possession et de la compétition. C'est peut-être mon grand âge qui me rend si détaché, mais je reste convaincu qu'il faudrait qu'on possède le moins possible, juste ce qu'il faut pour satisfaire ses besoins, qu'on ne soit pas exceptionnel mais qu'on soit simplement fort, et utile pour tout le monde. Le défi de notre temps, c'est peut-être tout simplement d'accepter notre condition d'interdépendance et de solidarité avec neuf milliards d'individus. Chiffre assez vertigineux.

Le défi est là : penser et vivre une coexistence inouïe avec la totalité du reste du genre humain. C'est vrai que la situation est tout à fait nouvelle. Pour la première fois dans l'histoire, le mot humanité n'est plus une abstraction. Le concept en soi s'est transformé en une réalité effrayante parce que personne ne sait comment on peut vivre avec neuf milliards de voisins. Et sur une seule terre. Car ce n'est pas seulement en bonne intelligence avec l'autre homme qu'il nous faut envisager la vie : il faut désormais assumer notre concitoyenneté avec tout le système des êtres vivants, animaux, végétaux, organismes complexes et écosystèmes… « Humains et non-humains forment une nouvelle assemblée mondiale pour laquelle il faut trouver une constitution », s'amuse Sloterdijk. Je confesse que la perspective de devoir rédiger une sorte de nouvelle Déclaration universelle des droits de l'homme dans la nature vivante et son environnement, capable de penser cette inclusivité générale, m'enthousiasme à peu près autant qu'elle m'inquiète, tant le travail qu'elle représente est titanesque.

Mais j'ai été réconforté par mes entretiens avec l'éditrice d'*Indignez-vous*, Sylvie Crossman, qui est riche d'une connaissance approfondie et très personnellement vécue de groupes humains porteurs d'expériences très anciennes. Comment ont-ils fait pour préserver leurs relations intimes avec leur milieu naturel ? Ce n'est pas seulement le message du Dalaï-Lama, son effort inlassable pour ne pas laisser perdre cette familiarité spontanée entre l'homme et la nature. Ce sont aussi les Aborigènes d'Australie, les Indiens Navajos et ceux de l'Amazonie et du Pérou, dont l'approche inclusive de la société et du territoire où elle s'épanouit peut servir de modèle. Ils font preuve d'un certain équilibre, qui leur a permis de durer très longtemps et avec une certaine considération mutuelle des individus, des systèmes de hiérarchie acceptés par tous, un contact très fort avec la nature, avec les animaux, avec les plantes… en formant un tout que l'on peut considérer comme harmonieux. Et où la morale sanctionne les ruptures de l'équilibre et les atteintes à l'harmonie.

Mais vu les formes de vie que nous avons développées, notre modèle de civilisation ressemble plus à un feu d'artifice qu'à un système équilibré. Dépense, gaspillage, Sloterdijk soupçonne même qu'il y a une sorte de non-dit derrière les droits de l'homme : le droit au gaspillage, le droit de participer au feu d'artifice général, à la chasse au bonheur, à la grande course contre le temps vers la maximisation des plaisirs.

Prenons l'idéologie du travail comme exemple. J'ai souvenir d'un livre d'André Gorz, *Métamorphoses du travail*[1] qui m'avait particulièrement marqué, tant il démontait avec justesse les apories de notre rapport à l'essence de la vie à travers notre relation au travail. C'était assez proche de ce que décrit Edgar Morin dans ses livres : après tout, que sait-on de l'homme ? Est-ce que c'est un animal laborieux qui devrait travailler, se réjouir, aimer, penser, ou quoi ? Mais en réalité, il doit faire tout cela, alors comment répartir harmonieusement ces activités souvent contradictoires mais incontournables ? Comment accommoder en chacun de nous le poète, l'ouvrier, le saltimbanque, le bâtisseur, le philosophe, le citoyen ?

Cette réflexion sur la place démesurée du travail et la contrainte qu'il impose, compensée seulement par la consommation (une autre injonction), est aussi très bien développée par Ivan Illich et Herbert Marcuse. Autant de pensées qui auraient pu nous éviter le désastre dans lequel nous nous trouvons aujourd'hui. Cette réflexion sur le fonctionnement de l'économie a été consubstantielle avec la pensée de gauche – en France notamment, la gauche a passé son temps à essayer de comprendre comment on peut protéger les droits des salariés, comment on peut répartir les richesses, etc. Mais à chaque fois, elle s'est enfermée dans un système essentiellement marxiste.

Gorz, Illich et Marcuse offraient des voies hors de l'impasse marxiste, en refusant que le travail salarié soit le fondement de tout. Mais on ne commence à les comprendre que maintenant. Illich voulait par exemple que l'on réduise au maximum le travail commandé, et que l'on augmente au contraire au maximum le travail

1. André Gorz, *Métamorphoses du travail*, Paris, Galilée, 1988.

créatif. Il pensait que cela donnerait lieu à une société plus heureuse. Gorz offrait une dialectique plus solide, parce qu'il ne niait la nécessité ni du marché, ni du travail salarié, mais proposait une répartition plus équitable pour laisser à chacun la possibilité de métamorphoser le travail en une occupation où la créativité trouverait toute sa place.

Le feu d'artifice de l'abondance dont parle Sloterdijk repose sur cette complémentarité entre travail salarié et consommation compensatoire effrénée. C'est donc une réflexion qu'il faudra reprendre au moment de la réforme de la pensée et de l'économie pour résoudre les équations de notre monde contemporain. Les chiffres sont accablants : il faudrait deux planètes pour que neuf milliards d'humains vivent à l'européenne et cinq pour qu'ils vivent à l'américaine... C'est littéralement, mathématiquement, économiquement insoutenable. Pourtant, je ne vois pas beaucoup de gens « raisonnables » qui peuplent les ministères et autres lieux de gouvernement s'en inquiéter outre mesure. À part Michel Rocard, qui n'est plus au pouvoir, et les écologistes, qui peinent à y parvenir.

Il est clair que nous ne pourrons pas rester plus longtemps enfermés dans une définition purement occidentale des droits de l'homme, c'est-à-dire dans une version exponentielle, maximaliste. Il y a des messages à entendre dans la sagesse des autres civilisations, qui nous obligent à reformuler notre code de survie. Comme le dit Sloterdijk, il s'agit sans aucun doute d'un des défis majeurs du siècle présent : « développer une forme de civilisation où le dynamisme de la culture occidentale sera apaisé ». Edgar Morin parle, lui, d'une « politique de civilisation » qui saurait garder le meilleur de notre expérience historique tout en corrigeant les profonds déséquilibres de notre approche du monde, de la nature et de nous-mêmes.

Une partie de l'effort pour combattre ce péril ne réside-t-elle pas dans la façon d'utiliser les ressources de vie qui sont en chacun ? Morin le répète : il faut une réforme de la pensée, et une réforme de la vie qui conditionne cette réforme de la société et celle de l'économie. En effet, il faut poser le problème en ces termes : avons-nous une volonté qui peut se mettre en mouvement, qui aurait été jusqu'ici bloquée par le besoin de gagner à tout prix et toujours plus, par cet imaginaire « hybrique » (c'est-à-dire marqué par l'*hybris*) qui est à l'opposé de l'harmonie ?

Le retour du destin

C'était lors d'un dîner parisien avec quelques amis ; je m'absente quelques instants et, au moment de reprendre ma place, on m'annonce : « Peter vient de déclarer que "le destin est de retour". » Je reste interloqué – que veut dire Sloterdijk dans cette énigmatique sentence ? Et le voilà qui explique que « nous sommes entrés dans l'époque de la deuxième fatalité. Car l'incontrôlable est de retour, plus que jamais ». Passionnant – ainsi, après deux siècles passés dans la conviction que l'homme est maître de son sort, qu'il maîtrise les forces qui s'exercent sur lui, la notion de destin refait surface. Est-ce un soulagement ou une malédiction ? On pourrait en avoir une vision apaisée, au sens qu'il existe une instance qui dépasse la conquête possible par un individu de ce qu'il désire.

Leibniz parlait avec un certain mépris du « destin à la turque » ; pour lui, le fatalisme était un attentat à la liberté humaine. Et pour tous les penseurs des Lumières, il était évident que le progrès n'était rien d'autre qu'une série d'actes de sabotage du destin. Il fallait saboter le destin. Y a-t-il un lien avec la religion ? Dans les camps, nous appelions « musulmans » ceux dont la destinée paraissait achevée, parce qu'ils étaient déjà incapables de survivre. Et ils se promenaient tristement dans les camps, tels des morts vivants. Ils avaient perdu tout espoir. Évidemment, cette expression venait d'une idée reçue sur l'islam comme religion du destin, de la fatalité. Cela est naturellement complètement exagéré, comme tout ce qu'on dit toujours de toutes les religions.

Mais il y a effectivement une authentique version musulmane du « fatum » occidental : le *kismet* turc. Un mot splendide et poétique, qui signifie littéralement « écrit », nous a rappelé Sloterdijk. Notre « fatum » se rapporte à ce qui a été « dit » et le *kismet*, c'est ce qui a été « écrit », parce que la codification écrite est l'équivalent symbolique de la prédestination pour les musulmans.

Heureusement, les lectures culturalistes ne résistent pas une seule seconde à l'actualité du printemps arabe de ce début d'année 2011. On peut citer *Lawrence d'Arabie* et ce moment où il dit triomphalement : « Rien n'était écrit » parce qu'il y avait quelqu'un qui devait être condamné à mort et qu'il s'y oppose. Mais l'ironie de l'action du film est que le même personnage est tué à la prochaine occasion : donc le fatum s'accomplit. C'est l'histoire du rendez-vous de Samarcande de la sagesse soufie, ou bien celle d'Œdipe essayant d'échapper à son destin. Les mythologies grecques montrent qu'on est rattrapé par ce que l'on tente de fuir.

> Le rendez-vous de Samarcande : Un jour, le serviteur du grand vizir vint le trouver et lui dit : « Maître, j'étais au marché et j'y ai rencontré la Mort ; elle s'est dirigée vers moi et j'ai eu si peur que je quitte cette ville et pars pour Samarcande. » Le grand vizir se rendit au marché et y rencontra la Mort, à laquelle il fit reproche d'avoir effrayé son serviteur, de telle sorte que ce dernier avait fui pour s'en aller ailleurs. Et la Mort répondit au grand vizir : « Lorsque je m'approchai de ton serviteur, c'était simplement pour lui dire que je pensais le retrouver, ce soir, à Samarcande. »

Selon Sloterdijk, le destin est de retour – c'est-à-dire une force qui nous pousse à renoncer à notre capacité d'agir. Remplacer la volonté de puissance par la volonté d'impuissance. Nietzsche n'est plus très loin : il avait déjà mis au jour la volonté ascendante et descendante. Ce grand courant fataliste dans l'être humain constate, presque triomphal, qu'on ne peut rien faire. Face aux forces immatérielles mais réelles qui s'exercent sur nous, financières, économiques, climatiques, et même politiques, et qu'il semble impossible de contrôler, malgré la démocratie ou la mobilisation de la rue, la tentation du renoncement est en effet forte. Et l'action politique se limite alors à préserver l'état des choses. C'est la victoire d'un conservatisme agressif que tout « progrès » fait frémir.

Saboter le destin, l'empêcher de se réaliser contre notre volonté, rompre avec l'état des choses : mais pour s'engager, il faut accepter le risque de passer outre aux nuances et à la complexité d'une situation. Il faut payer le prix d'une relative simplification des choses, d'une approche du réel dégagée des contingences. Avec Edgar Morin, j'ai appris que rien n'est simple. Mais même les choses complexes permettent, me semble-t-il, de trouver le plus simple chemin. Un personnage comme Cohn-Bendit représente bien le dépassement de ces contradictions qui peuvent si souvent paralyser la prise de décision : il reconnaît les aspects différents, les prend en compte, mais à un moment, fait d'intuition, de réflexion et de responsabilité, il est capable, malgré ses doutes, de désigner une forme de solution – plus ou moins compliquée et sophistiquée, mais avec un objectif clairement identifié.

C'est ce que j'ai essayé de faire moi-même dans un contexte différent, mais je ne suis pas un homme politique au sens propre du terme. Seulement, j'ai bien conscience que le besoin de messages clairs et positifs est fort. Simplicité n'est pas simplisme.

L'exemple des débats sur la nécessité de soutenir ou non la révolution contre Kadhafi en Libye illustre bien cette nécessité de dépasser certaines contradictions pour faire le choix de l'essentiel, plutôt que de se laisser paralyser par des détails. Qu'importe qu'on ne connaisse pas bien les résistants, leurs origines, leurs objectifs à long terme. Comme le disait Cohn-Bendit à propos de la Tunisie au Parlement européen, « la Realpolitik, c'est de soutenir partout les aspirations des populations arabes à la liberté et la démocratie ». Qu'importe qu'ils soient plus ou moins proches des intérêts occidentaux – et quels intérêts, d'ailleurs ? Pétrole, immigration, terrorisme ? Qu'importe aussi qu'ils n'aient pas été élus ? Est-ce que dans la lutte contre un tyran, ils ne représentent pas quelque chose de légitime ? Après tout, de Gaulle et Jean Moulin n'étaient pas davantage élus, et pourtant, pour une grande partie des Français, ils incarnaient une certaine idée de la France, une légitimité que le gouvernement légal de Vichy n'incarnait plus.

Alors qu'importe ? On ne pouvait pas ne pas reconnaître le Conseil transitoire libyen. Face au déséquilibre des forces entre Kadhafi, ses armes, ses chars, ses mercenaires, et la résistance qui n'a pas les moyens de vaincre... Fallait-il les aider ? On hésite, on tergiverse. Les risques sont réels, et effectivement, il est impossible de savoir ce dont ces révolutions vont accoucher. Mais la crainte du futur et les erreurs du passé, et en particulier cette désastreuse entreprise coloniale de George W. Bush en Irak, ne peuvent servir de prétexte à l'indécision et à l'inaction. De même qu'il était impossible de soutenir la guerre du Golfe de 2003, il était impossible de ne pas tenter quelque chose pour aider la résistance libyenne.

Et le pire, peut-être, c'est que nous sommes très conscients que ces tergiversations peuvent au bout du compte contribuer à l'échec de ce « printemps arabe », de ce mouvement merveilleux commencé en Tunisie et en Égypte, qui cherche à présent son équilibre et sa vérité. La politique, c'est aussi l'art d'accueillir l'inconnu, la masse encore informe de « ce qui arrive »

– la force de ce qui vient, au sens où l'entendait Hannah Arendt.

Mais non ! La peur des déséquilibres l'emporte encore souvent. Devant les situations nouvelles, la plupart des politiques ont tendance à vouloir les réduire à des situations connues. Au lieu d'en embrasser la complexité pour en retirer une ligne d'action, ils naviguent à vue, au gré des vents contradictoires d'une situation mouvante et mouvementée – et surtout des vagues de l'opinion publique savamment mesurées en sondages qualitatifs et quantitatifs. J'ai l'impression désagréable que la politique se résume de plus en plus à s'adresser aux leaders d'opinion, journalistes, commentateurs, plutôt qu'aux gens.

Le piège westphalien

En ce qui concerne les révolutions arabes, je suis bien conscient de la difficulté de la situation. La Syrie est par la suite venue le prouver. C'est en fait une des situations les plus compliquées devant lesquelles la diplomatie puisse se trouver… Et bien sûr, il ne s'agit pas de dire que qui que ce soit détient la solution. Mais c'est là où la parole de quelqu'un comme Dany est bienvenue. En le paraphrasant, je dirai : si l'on n'agit pas très vite, on va briser quelque chose d'important pour la Méditerranée, et pour nous tous. Il faudra trouver plus tard d'autres moyens que ceux qui sont actuellement à notre disposition, des frappes fortes. Seulement voilà… « Assad est souverain chez lui. » Alors peut-on intervenir ?

Ah, le beau concept de « souveraineté » ! En fait, nous sommes enfermés dans la contradiction d'un monde ouvert où la plupart des flux se jouent des frontières, mais qui reste dominé par la fiction des frontières. Avec son « *cujus regio, ejus religio* », 1648 est un moment essentiel de l'évolution politique. En ramenant chacun chez soi, le traité de Westphalie est le moment de la modernité où l'Europe désapprend l'universalisme politique, considérant qu'il vaut mieux un roi qu'un pape. Au nom de la liberté religieuse, donc d'un principe plutôt positif.

Après trois siècles de construction des communautés nationales à l'abri des grands principes westphaliens et à la lumière des excès terribles provoqués par les logiques nationales, il est temps d'envisager le nouveau chapitre de l'histoire du pouvoir politique moderne.

Comme le faisait remarquer Cohn-Bendit, il y a une quarantaine d'années, on parlait de contenir les dictatures par la démocratie. On se résignait à la souveraineté des dictatures tout en cherchant les moyens de la contourner pour contribuer au changement de régime. Alors qu'aujourd'hui c'est le contraire, et une partie de l'administration américaine, l'Iran ou Israël (pour des raisons contradictoires) cherchent à contenir la démocratie par des dictatures.

Car cette vague née en Tunisie et propagée de l'Égypte jusqu'en Libye met en danger le Bahreïn et l'Arabie Saoudite. Or, dans la vision américaine, mettre en danger l'Arabie Saoudite, c'est mettre le baril à deux cents dollars – une perspective inacceptable. L'Arabie Saoudite est une pièce indispensable dans le jeu moyen-oriental pour les Américains et leurs ressources pétrolières. Ce qui explique leurs premières hésitations à propos de Kadhafi, dans l'espoir de contenir le mouvement. Les Israéliens, de toute façon, n'ont rien compris et ne veulent rien comprendre à la situation, persuadés que leur meilleur allié dans cette situation est l'Arabie Saoudite. Quant à l'Iran, il craint évidemment que cet incendie ne l'atteigne.

De son côté, l'Arabie Saoudite a fait preuve du même aveuglement conservateur à soutenir Kadhafi, du moins aux débuts. Alors que devant la vague, le courage aurait dû dicter la réaction inverse : soutien, réforme, libéralisation. Mais pour que change la donne, il faudrait que le pétrole fût moins au cœur de la réflexion stratégique. Il est encore trop tôt pour se prononcer. Enfin, en 1848, les gouvernements européens n'ont pas non plus considéré le printemps des peuples avec tant d'enthousiasme et de courage pour les réformes.

Guerre et paix : les nations contre le droit

La dialectique entre guerre et paix est difficile à rompre – c'est un peu comme la santé et la maladie ; ce sont deux états qui se définissent l'un par l'autre. Mais leur lien est ontologique, au point qu'il est presque difficile de concevoir l'état de paix perpétuelle auquel nous aspirons tous. L'expérience de la guerre conditionne celle de la paix. À tel point que ce sont les guerriers qui font le mieux la paix, car ils en connaissent le prix. Après tout, c'est par les armes que j'en suis venu à la diplomatie de la paix. Mais ce n'est pas du pacifisme au sens propre du terme. S'il m'arrive si souvent de paraphraser Gandhi et son « quelquefois le pacifisme ne suffit pas », c'est parce que je pense qu'il faut faire la distinction entre pacifisme et non-violence.

Le pacifisme, je connais : je l'ai pratiqué. Dans les années 1920-1930, j'étais vraiment pacifiste – à une époque d'ailleurs où il aurait peut-être fallu l'être un peu moins. Mais nous avons vécu cette période dans l'ombre pesante de la catastrophe abominable qu'avait été la Grande Guerre. Pour presque tout le monde, le souvenir de 14-18 était insupportable et il fallait faire en sorte de ne plus recommencer. À mes yeux, comme à ceux de tant de contemporains, Maginot était un homme en tous points remarquable.

En 1938, quand Daladier est rentré de Munich, je pensais donc sincèrement qu'avec Chamberlain ils avaient eu raison de tout faire pour éviter un nouveau conflit. Je me souviens d'ailleurs d'un échange avec mon amoureuse de l'époque, à qui je dis, enthousiaste : « Ah ! Ça y est. On a la paix ! » Elle m'a regardé : « Est-ce que tu y crois vraiment ? » Je voulais y croire, mais c'est elle qui avait raison quand elle a conclu abruptement : « Détrompe-toi. On a fait une connerie. » Il faut dire qu'elle avait un peu plus de maturité et d'expérience que moi…

Aujourd'hui, je ne me dirais certainement plus paci-fiste au sens où il faut à tout prix éviter toute guerre. Je me sens, au contraire, en plein accord avec les créateurs des Nations unies, qui ont prévu une force internatio-nale pour intervenir dans les conflits. Je suis même très déçu et amer que cette force n'existe pas encore pleine-ment. Les « casques bleus » correspondent à peine à un minimum : des militaires qui s'interposent entre deux pays ayant déjà accepté de ne plus se faire la guerre, pour les empêcher d'y retourner. Mais il n'y a pas eu – à quelques exceptions près, et pendant quelques années au Congo, voire à un moment donné au Cambodge – de véritable force d'intervention en mesure de se battre contre un pays.

Surtout, l'échec le plus spectaculaire des « casques bleus », c'est la Bosnie – parce qu'ils n'avaient pas le droit d'intervenir militairement. À la même époque, on pourrait citer le Rwanda, mais la guerre y avait d'autres formes…

Cela nous ramène au piège de la souveraineté nationale. Il est temps de dire que la souveraineté des États ne peut plus primer le respect des droits de l'homme. Et quand un État souverain bafoue ouvertement les droits de l'homme, j'estime qu'il faut que les Nations unies soient en mesure de se battre contre lui, au-delà des seules sanctions et recommandations.

On m'objectera, avec raison, qu'il est un peu utopique, ou naïf, d'espérer que le Conseil de sécurité, autrement dit des gouvernements, des représentants politiques, soient vraiment capables d'estimer qu'ici ou là est commis un crime contre les droits de l'homme, et qu'il faut défendre un peuple contre ses oppresseurs. De fait, il est très difficile d'accorder une telle confiance à un organe dont les membres restent à ce point soumis à des intérêts géopolitiques et nationaux contradictoires. Mais c'est ce que j'appelle la « progression du droit ». Et nulle part ailleurs qu'en Europe la prééminence du droit sur la souveraineté des États n'a vraiment progressé.

L'Europe a une caractéristique assez extraordinaire : nos États font confiance au droit. C'est assez rare dans le monde. Les Européens, eux, croient au droit et considèrent même qu'il est possible de l'imposer à tous.

Ainsi est-ce une certaine et haute idée du droit qui nous a donné la possibilité de créer la Cour pénale internationale. Je ne peux m'empêcher de trouver réjouissant et remarquable qu'à La Haye il soit devenu possible de dire à tel ou tel tyran, tel ou tel boucher, que ses actes sont proscrits par des textes universels, que ses crimes (de guerre, contre l'humanité, génocidaires) le rendent passible d'un jugement international. C'est fort. Quoique encore balbutiant.

Par comparaison, il y a quelques rares moments où le Conseil de sécurité a pu s'élever au nom du droit contre un État souverain. L'invasion du Koweït par Saddam Hussein, en 1990, en est le meilleur exemple, même si cette première guerre du Golfe et ses suites sont loin de constituer un modèle de justice internationale.

Le problème s'est posé en ces termes exactement à propos de l'intervention en Libye. Face à l'intolérable, à des crimes tels que ceux d'un Kadhafi, l'intervention s'impose. Seulement voilà, pour intervenir contre le tyran d'un État souverain, il faut l'accord de nombreux États souverains, et en particulier de la Chine et de la Russie, deux pays plutôt farouches, qui peuvent craindre ces fâcheux précédents et les quelques soucis que cela pourrait éventuellement leur occasionner.

Russie et Chine… deux membres permanents du Conseil de sécurité, avec droit de veto. Paradoxe : cette institution des Nations unies qui se veut garante du droit international, dans laquelle j'ai tant travaillé, vécu, et au développement de laquelle j'ai tâché de contribuer, cette institution apparaît trop souvent comme le lieu par excellence de tous les blocages du droit des peuples. C'est pour cela qu'il faut la réformer ! Et en profondeur, en tenant enfin compte de la nouvelle distribution de la puissance dans le monde : l'Inde, le Japon, le Brésil, d'autres pays encore, démontrent chaque jour que la composition du Conseil de sécurité est périmée.

Malheureusement, la Charte des Nations unies a été fondée sur l'idée même qu'il devait y avoir un lieu unique pour décider de la paix et de la guerre, et que c'était le Conseil de sécurité. Quant au droit de veto, ce qui s'est passé est fort simple : c'était pour Roosevelt le seul moyen de convaincre ses alliés, et en particulier Staline, d'accepter la nouvelle organisation mondiale de défense de la paix qu'il envisageait d'établir et surtout d'y participer. Staline n'aurait évidemment jamais accepté sans l'assurance de pouvoir bloquer des décisions trop contraires à ses intérêts. D'ailleurs, la guerre de Corée de 1950-1953, déclenchée contre son gré avec un mandat de l'ONU (en son absence alors qu'il refusait temporairement de siéger), le lui a bien rappelé. L'idée du veto revenait donc à protéger les intérêts des deux superpuissances. C'était un des verrous de la guerre froide et de la bipolarisation.

Il fallait donc s'assurer que ces cinq puissances ne seraient pas mises en minorité. Et tous ceux qui, comme mon ami Brian Urquhart, ont cherché à réformer le Conseil de sécurité, à la fois élargi et avec une majorité qualifiée, se sont heurtés au refus des Cinq d'envisager la fin de leur suprématie. C'est un piège : connaît-on un seul exemple dans l'histoire des hommes de quelqu'un ayant accepté volontairement d'abandonner le contrôle absolu qu'il détenait ? Ce cercle vicieux, il faut trouver les moyens de le rompre.

« In hoc signo vinces » :
changer les limites de nos rêves nationaux

La légende de Constantin le Grand, premier empereur romain chrétien, veut qu'en 312, à la veille d'une bataille décisive, il ait reçu en rêve, classique divinatoire de la culture antique, une vision de la croix comme symbole de son élection et vecteur de sa victoire. Ce signe, c'est son rêve impérial, son rêve de pouvoir absolu, l'alliance de l'autel et du trône renouvelée dans une forme plus moderne pour l'époque. C'est celui des conquérants, qui ne connaissent pas de limites à leur appétit d'aventures et de grandeur.

Nos États reposent encore et toujours sur ce genre de rêves de puissance. Le seul régulateur de ces fantasmes, c'est la démocratie – et encore, pas toujours, car il existe des formes impériales et impérialistes de la démocratie, comme les USA ou Israël. Un bon exemple de cette régulation par la démocratie, c'est peut-être la confrontation entre la non-violence de Gandhi et la démocratie anglaise.

Après tout, si Gandhi a réussi à libérer l'Inde, c'est aussi parce que l'Angleterre était une démocratie et que les images d'un mouvement pacifique réprimé violemment étaient insupportables pour l'opinion publique anglaise. Même s'il faut parfois se battre pour l'établir, je crois que la non-violence est une forme efficace des combats liés à la démocratie ou aux aspirations démocratiques des sociétés.

Revenons à Israël et au Proche-Orient. D'une certaine façon, Israël se comporte à l'égard des Palestiniens comme tant d'autres États se sont comportés dans l'histoire – comme la France en Algérie, par exemple.

Pourquoi le droit international n'était-il pas alors la base de nos réactions ? Le rapport Goldstone de 2009 devrait ainsi servir de base à une réaction, voire une résolution, du Conseil de sécurité, quitte à mettre en place des pressions, voire des sanctions, contre l'État souverain d'Israël qui a dépassé certaines limites.

Mais non, c'est sur Goldstone qu'on met la pression… Il devrait enfin y avoir des moyens de s'opposer à une manière de se comporter, de la part d'un État souverain, membre des Nations unies, qui va à l'encontre de certaines règles fondamentales.

Le droit est au cœur de cette problématique israélo-palestinienne. La situation sera inextricable tant qu'elle restera un conflit inégal en forces et légitimé par une lecture absolutiste de l'histoire. Mais nous sommes quelques-uns à penser qu'il faudrait forcer Israël à cesser de vivre dans une certaine représentation de l'histoire et à revenir au réel. Cohn-Bendit a proposé plusieurs fois, par exemple, que l'Assemblée générale de l'ONU reconnaisse souverainement et immédiatement l'État palestinien dans les frontières de 1967, par un vote solennel. Ce sera peut-être fait.

Certes, même s'il était ainsi reconnu, cet État n'aurait pas encore d'autorité réelle sur son propre territoire, mais ce serait à mon avis une étape importante et une façon de remettre les pendules à l'heure du droit international. En outre, et c'est là que l'idée est subtile, une telle reconnaissance de l'État palestinien dans les frontières de 1967 permettrait en même temps la reconnaissance immédiate de la légitimité d'un État israélien dans ces mêmes frontières. C'est une façon d'imposer aux Palestiniens les plus irréalistes la reconnaissance de la légitimité de l'État hébreu dans des frontières qui

invalident le fantasme persistant du retour incondi-
tionnel de tous les réfugiés. Les deux y gagnent et les
deux y perdent.

C'est une vision réaliste du droit, dans l'équilibre des
volontés et des désirs – qui rompt avec les fantasmes de
toute-puissance que nous confère le sentiment d'être le
seul détenteur d'un droit moral sur l'autre. Une vision
européenne certes, mais une vision universaliste dont
l'histoire peut s'écrire depuis l'esprit du droit romain
proposé par Caracalla, jusqu'aux développements
modernes des Hans Kelsen et autres René Cassin.

Pourquoi le droit ? Parce que la loi est la seule limite
à nos désirs. Et Cohn-Bendit, qui s'y connaît en désir,
explique justement que la viabilité des rêves nationaux
qui sous-tendent le conflit israélo-palestinien dépend de
leur capacité respective à limiter leur rêve. Comme il le
dit : « Le rêve sioniste ne peut exister que dans ce qui le
limite. » Ce qui d'ailleurs supposerait de revenir aux
sources (laïques et socialistes) du sionisme, aujourd'hui
un peu trop étouffées par sa version théologique. Et la
même chose vaut pour les Palestiniens – qui connaissent d'ailleurs le même problème, avec un conflit
interne entre la vision politique et la vision théologique
de leur rêve national.

Les peuples, et surtout les États, pour coexister,
doivent être en mesure de s'imposer une autolimitation
de leurs rêves. Et qu'est-ce que le droit international si
ce n'est précisément la clarification de ce que chacun a
le droit d'exiger ?

Les justifications théologiques, ou simplement
morales, des rêves nationaux sont des ferments de
guerre. *Jéhovah*, *Allah*, *Shoah*, *Nakba*, etc. : tous ces
concepts sont autant de droits moraux qui fondent un

droit absolutiste, c'est-à-dire un droit qui refuse ce qui le limite. Ce sont des concepts qui excluent la politique et la rejettent hors du champ où elle est pourtant le plus utile : la résolution des conflits.

En matière de droit international, l'exemple israélien m'est proche, entre autres, parce que l'État d'Israël a été créé par une résolution des Nations unies et du Conseil de sécurité. Au sortir de la guerre, il y avait évidemment consensus pour estimer légitime que les Juifs disposent d'un État. En 1948, les États membres les plus puissants de cette époque ont alors pris la décision d'imposer cette création à un peuple qui n'était pas encore les Palestiniens, mais les Arabes de Transjordanie.

Je me souviens bien, à l'époque, des délibérations sur ce que les Anglais allaient accepter pour quitter la Palestine. Avec leur Haganah, entre autres, les Juifs avaient fait ce qu'il fallait pour que les Anglais jettent l'éponge et acceptent de se retirer. Mais ceux-ci avaient tout de même une bonne compréhension de la région, et une vraie politique arabe. Lawrence était encore tout près dans les esprits. Et ils ont choisi de partager le territoire.

Mais comment ? Ceux qui s'y sont attachés, que ce soit ce malheureux comte Bernadotte ou ensuite mon ami Ralph Bunche, ont négocié des tracés en se disant qu'il fallait donner à Israël un État qui soit suffisamment défendable face aux États arabes, avec une proportion de 45 % du territoire pour les Arabes et de 55 % pour eux. Le compromis qui en a résulté, les Israéliens l'ont accepté pendant presque vingt ans. Le problème, c'est que l'une des deux parties est devenue très vite très puissante. Militairement, elle a vaincu assez facilement les États arabes qui contestaient cette décision internationale et elle a réussi à élargir ses frontières, passant de 55 à 78 % de la Palestine mandataire.

Jusqu'en 1967, les Israéliens ont vécu dans une partie de la Palestine qui correspondait à un partage établi par le droit international. Ce n'était plus Jéhovah. C'était le Conseil de sécurité. Ils ont accepté cela et ils l'auraient peut-être accepté plus longtemps encore s'ils n'avaient pas eu cette chance malheureuse d'avoir gagné la guerre des Six Jours dans des conditions extraordinaires qui leur sont montées à la tête – une sorte d'« *hybris* » qui justifiait tout. Y compris le fait de vouloir conquérir tout le territoire, puisqu'il est la Terre promise « donnée par Dieu ».

Ils ont donc mis, assez simplement, en opposition Dieu et droit international. Qui peut triompher dans ces conditions ? Dieu a de la force, surtout quand il est appuyé par des gens qui croient en lui. Et même ceux qui ne croient pas en lui, car il y a beaucoup de laïques en Israël qui acceptent le fait accompli. Le droit international a réagi tout de suite, et, curieusement, par un accord unanime du Conseil de sécurité, deux résolutions ont été adoptées successivement : la 242 et la 338. Et ces résolutions disaient clairement que l'occupation n'était pas légitime, qu'il fallait revenir aux frontières de 1967, que Jérusalem soit capitale des deux États et qu'il fallait une terre pour les réfugiés.

Cette position – adoptée par des instances responsables du maintien du droit, par le Conseil de sécurité, par l'Assemblée générale, par la Cour internationale de justice – a été complètement ignorée, bafouée par Israël, qui n'a rien fait pour que les choses aillent dans le sens voulu par le droit international, et a au contraire, chaque fois que des négociations recommençaient, œuvré pour qu'elles n'aboutissent pas. Il y avait en face un quasi-partenaire seulement. Car la Palestine comme peuple ayant droit à un État n'existe, finalement, que depuis qu'il y a un conflit israélo-palestinien. Mais peu à peu, avec des gens importants et intelligents, comme Arafat, c'est devenu un quasi-État, en tout cas une autorité importante que les Israéliens ont néanmoins réussi à diviser assez facilement en instances contradictoires et qui se sont manifestées de façon souvent inconséquente.

La clef, dans ce conflit, est vraiment dans cette idée d'« autolimitation ». Et ce n'est pas un concept réservé au Proche-Orient : il est au cœur de l'aventure européenne. C'est le contraire de l'« *hybris* ». La contrainte du droit suppose toujours l'acceptation d'une limite à ses rêves. La France a longtemps eu le fantasme de ses frontières naturelles et de ses colonies, la Grande-Bretagne a eu son empire, l'Allemagne son IIIe Reich, et aujourd'hui Washington se rêve en Athènes du XXIe siècle. L'autolimitation, c'est la fin d'un rêve qui serait contraire au droit. C'est la régulation du désir par la loi. Le droit progresse d'étape en étape. C'est le droit qui rend modeste ceux qui ont des désirs de puissance.

Si les hommes étaient parfaits, ils n'auraient pas besoin d'une loi extérieure – mais en l'absence d'autorégulation par la conscience, nous avons besoin du droit qui est normatif. Ajoutons-y l'intelligence. Je crois que l'intelligence d'un peuple consiste à reconnaître la limitation de ses rêves telle que le droit l'a définie. Le droit n'est pas quelque chose qu'on vit avec émotion. Ce qu'on vit avec émotion, c'est le rêve. Mais ce contre quoi cette émotion peut se cogner, c'est le droit. Quelqu'un peut se vanter : « Moi je suis élu. Je voudrais bien… Mais je ne peux pas. Il y a le droit. » Donc mon intelligence doit m'amener à limiter mon émotion.

C'est l'application en matière de communauté politique d'une forme d'ascèse et de dépassement de soi.

Faveur des hommes

N'est-il pas saint mon cœur, plein d'une vie plus belle,
   Depuis que j'aime ? Alors, pourquoi m'avoir mieux vu
      Quand, plus fier et sauvage,
         J'étais plus loquace et plus creux ?

Ha ! La foule a le goût des valeurs du marché,
   Et le valet n'a de respect que pour le fort ;
      Au divin portent foi
         Ceux-là seuls qui le sont eux-mêmes.

Friedrich Hölderlin,
traduit de l'allemand par François Garrigue,
Œuvre poétique complète, Paris,
éditions de la Différence, 2005.

Démocratie : tout un programme !

En finir avec l'oligarchie

Du haut de mes quatre-vingt-quatorze berges, je vous le dis : ma longue vie m'a apporté les preuves du possible succès de nos efforts. Nous avons vu s'effondrer le fascisme, le stalinisme, l'apartheid, la colonisation de peuples innombrables. Nous avons vu triompher la démocratie.

En quoi consiste-t-elle au juste ? Redisons d'abord, comme Churchill : le pire des régimes à l'exception de tous les autres. Puis revenons à Aristote. Les autres régimes sont : la tyrannie, pouvoir d'un seul conforté par la « servitude volontaire », l'oligarchie, pouvoir de quelques-uns, peut-être les meilleurs, mais bien vite les privilégiés, ou la démocratie, pouvoir par le peuple et pour le peuple.

Nous sentons bien ce que ces mots comportent de nébuleux : qu'est-ce que le peuple ? Qu'est-ce que le pouvoir ? Qu'est-ce qui fait d'un dirigeant le mentor de son peuple et non son maître ?

Ce type de dirigeant existe, n'en doutons pas. Les chrétiens disent : Dieu existe, je l'ai rencontré. Moi je n'ai pas rencontré Dieu, mais j'ai rencontré Pierre Mendès France, Mikhaïl Gorbatchev, Nelson Mandela. Mais aussi le Dalaï-Lama et Aung San Suu Kyi.

Avant tout, j'ai eu la chance d'être aux côtés de Franklin Delano Roosevelt. La Charte des Nations unies à laquelle il a donné tout son cœur, s'appuyant sur les quatre libertés de la charte de l'Atlantique, ce texte fondateur de l'institution la plus ambitieuse des derniers siècles, contient l'exposé des valeurs fondamentales de la démocratie. Elle commence par ces mots : « Nous les peuples » et donne pour la première fois dans nos siècles la place centrale aux droits de la personne humaine. Il est clair que le respect et la promotion de ces droits peuvent et doivent servir de programme à tous les États membres de la nouvelle organisation – aujourd'hui au nombre de cent quatre-vingt-treize – pour en faire, au sens plein de ce terme ambitieux, de vraies démocraties.

Mais quelle « démocratie » ?

Identifier démocratie et libéralisme politique et économique est le piège dans lequel les Occidentaux sont tombés, en mettant tout l'accent sur leur refus des « démocraties populaires » développées à l'Est. Les libertés, oui, bien sûr, il faut les protéger, les proclamer et les préserver. Notamment ces fameuses quatre libertés de l'Atlantique sur lesquelles Roosevelt et Churchill se sont mis d'accord en plein océan et en pleine confrontation idéologique. *Freedom of expression, freedom of confession, freedom from fear, freedom from want* [1].

C'est cette dernière, surtout, qui rend incompatible la vraie démocratie avec la liberté économique sans régulation. Notons que ces quatre libertés ont été rappelées dans son préambule par les rédacteurs de la Charte adoptée à San Francisco en juin 1945, qui commence par « Nous les peuples », et va définir la démocratie comme le régime qui s'impose.

Ce sont les héritiers de ces grands principes qui ont besoin aujourd'hui d'un nouveau « Moment San Francisco », car ils ont compris l'orientation à donner à la lutte jamais victorieuse, toujours à remettre en chantier, afin de faire sortir les plus pauvres de la misère de manière à les amener là où ils deviennent un *« demos »* conscient de ses devoirs autant que de ses droits. Autrement dit, le vrai démocrate libéral devrait concentrer ses efforts sur la réduction de la pauvreté.

Au fond, la différence entre oligarchie et démocratie, ce n'est pas simplement entre le « quelques-uns » et le « tous », mais entre « les quelques favorisés » et « les tous sous-privilégiés ». Agir pour que les sous-privilégiés deviennent un peuple de bien-être : voilà l'effort qui devrait être celui de la démocratie et qui ne l'est plus. Sous cet angle, toutes les critiques à l'égard des démocraties populaires sont parfaitement valables. C'est pour cela qu'il faut présenter le concept de « démocratie » comme un programme.

Jamais les textes, quand ils sont valables, ne sont des constats mais des programmes. La Déclaration

---

1. Liberté d'expression, liberté de confession (égale : laïcité !), libération de la peur, libération de la misère.

universelle des droits de l'homme est un programme. Le démocrate convaincu a un seul programme : celui de donner à tous l'accès à ce à quoi tous devraient avoir droit, au nom de leur égalité en matière de liberté et de droits. En d'autres termes, faire un effort directement axé sur la sortie des sous-privilèges des populations sous-privilégiées. Ceci nous ramène d'une certaine façon à Walter Benjamin. Car ce que Benjamin décrit comme le vrai contenu de l'histoire, c'est l'histoire des laissés-pour-compte, des esclaves, et de la constance de leurs revendications.

L'interrogation sur la démocratie et la nature du régime démocratique vers lequel nous voulons nous diriger est primordiale. Il faut se poser la question : « Mais alors la démocratie, c'est quoi au juste ? » Les vrais démocrates sont ces dirigeants qui mettent par-dessus tout l'accent sur la nécessité de faire accéder le plus grand nombre au plus haut niveau de connaissances, de scolarisation, de santé, de logement. Voilà les démocrates.

Dans une interview, Peter Sloterdijk disait que le problème de la démocratie, c'est que les gens ne souhaitent pas être égaux, ils veulent être préférés. « L'égalité dans l'insignifiance n'intéresse personne. La démocratie parfaite serait celle qui inventerait l'art de préférer tout le monde. » C'est une définition amusante, et paradoxale en apparence seulement. Ce besoin du privilège, il s'agit de ne pas l'accorder à un petit nombre, mais de le voir comme une porte ouverte à tous.

Et l'oligarchie, c'est quoi au juste ? C'est que les privilèges sont naturels pour quelques-uns, ceux qui exercent le pouvoir et ont des responsabilités. Qu'ils aient donc aussi des privilèges est très bien. Il faut même qu'ils en aient – pas trop non plus – pour que le gouvernement soit stable. Mais dès Aristote, c'est lorsque l'ensemble d'une population accède par sa formation à un certain pouvoir, et devient ainsi progressivement porteur des responsabilités, que se réalise le programme de la démocratie.

Démocratie et écologie

Revenons à la notion de programme. La démocratie n'est pas un état de fait. Jamais. C'est une utopie concrète à réaliser. Il y a des gens qui se sont employés, avec la même ambition, à donner tout à tout le monde, et qui sont ensuite devenus des totalitaires. Nous avons besoin d'Hannah Arendt à chaque instant pour analyser comment cela advient et comment on se laisse piéger.

L'autre piège est aujourd'hui particulièrement difficile à éviter : celui du néolibéralisme conservateur, du « consensus de Washington » inspiré par des économistes comme Milton Friedman. Laissons faire le marché, rien que le marché, pas d'intervention de l'État dans le développement de l'économie. Si les meilleurs, les plus audacieux, les plus capables de faire des profits, d'accumuler les ressources sont laissés libres – « enrichissez-vous », comme disait François Guizot –, tout ira bien. Eh bien non, tout ira mal et les crises récentes en sont la preuve irrécusable.

Un autre programme mérite aujourd'hui que l'on s'y engage. Il s'agit de revêtir le pouvoir politique d'une mission, d'un mandat lui permettant d'imposer au marché des règles qui l'obligent à se mettre au service du peuple ; son intérêt se situe à égale distance de l'idéologie communiste, devenue totalitaire, et de l'idéologie libérale, devenue pieuvre, dans ce créneau précieux, fragile car attaqué par les deux libidos, la « *dominandi* » et la « *possidendi* », la dictature et la cupidité.

Ce créneau est devenu plus important encore par la découverte des atteintes graves que les sociétés industrialisées sont en train d'apporter aux équilibres naturels qui conditionnent la poursuite de notre présence sur la planète.

Il faut donc s'engager en même temps pour la justice sociale et pour la préservation de l'environnement. Dans le consensus marxiste-libéral le clivage ne se fait pas sur la création des richesses, mais sur leur redistribution. Alors qu'il est clair aujourd'hui qu'un système de production illimité est insoutenable au sens propre du terme. Il suffit de lire Edgar Morin pour se convaincre que l'on ne peut pas résoudre l'un sans résoudre l'autre. Mais c'est lorsque le programme démocratique embrasse à la fois les inégalités sociales et la lutte contre les dégradations environnementales qu'il est plus facile d'entraîner l'adhésion active des jeunes sur la défense de la planète et sur la réduction de la pauvreté. J'aimerais simplement qu'on soit bien pénétré, chez les écologistes comme chez les socialistes, de l'absolue interdépendance de ces deux problématiques pour la réalisation de la démocratie réelle.

On a pu s'étonner de ma foi dans l'action du droit international et dans le rôle des Nations unies au sein de notre monde contemporain, de plus en plus fragmenté, nationalitaire, balkanisé et donc rétif à ce genre d'embryon de gouvernance mondiale. Mais cette foi est ancrée dans mon expérience historique. Il me semble que quelqu'un qui a connu la Seconde Guerre mondiale, et qui l'a justement connue quelques fois sous ses formes les plus douloureuses, ne peut pas ne pas saluer l'immense espoir que représente ce texte révolutionnaire, extraordinaire, qu'est la Charte des Nations unies.

La réflexion de son architecte, le président Roosevelt, reposait sur cette même expérience historique : il était hors de question que les valeurs au nom desquelles nous avions triomphé du national-socialisme et du fascisme ne soient pas incarnées dans un cadre de référence universel, à l'usage des sociétés humaines. Un cadre novateur : la première innovation était d'ouvrir cette organisation à tous les peuples, et non seulement à tous les États. La deuxième était d'en faire une organisation destinée à éviter la guerre, mais plus encore à faire des droits de la personne humaine la valeur fondamentale sur laquelle on allait construire le nouveau monde.

Utopique, naïf ? Moi, je crois au contraire qu'il y a là la substance d'une évolution des sociétés humaines, certainement lente et difficile, mais portée, illustrée, incarnée par ces textes et cette institution, pour faire vivre, de décennie en décennie, davantage de démocratie dans le monde, davantage de recours des uns et des autres au droit international.

Quant à mes nombreux amis qui étalent, à bon droit, leur scepticisme de réalistes, j'ai envie de les inviter à être vraiment réalistes et à constater les faits : n'y a-t-il pas déjà eu de grandes choses accomplies, des pas significatifs ? À travers ces institutions très imparfaites, nous avons déjà fait des choses beaucoup plus importantes qu'on ne pourrait le penser : des organisations pour l'aviation civile internationale, les télécommunications, la santé, le travail, l'éducation, la science et la culture – nous avons jeté les bases d'une société mondiale et d'une régulation globale.

Régis Debray a un jour développé un parallèle amusant et très pertinent avec la topique freudienne, qui résonne avec le concept d'autolimitation que j'évoquais auparavant. Il propose de considérer l'ONU comme une sorte de Surmoi. Dans chaque communauté nationale dominerait le Ça, l'inconscient, c'est-à-dire la *« libido dominandi »* et les pulsions d'agressivité. Le Moi serait incarné dans les raisons d'État et les normes de l'État-nation. Ce Surmoi global serait alors une sorte d'instance, disons de censure morale, pour rectifier éventuellement telle ou telle pulsion du magma du monde. La métaphore est plaisante – et fait des droits de l'homme l'idéal régulateur, et de l'ONU une forme de mauvaise conscience de l'inconscient collectif.

J'aime beaucoup cette façon de poser le problème : l'ONU en organe de la répression civilisatrice de notre vieux fond de sauvagerie indomptée. Cette image du Surmoi convient tout à fait. Et j'ajouterai qu'entre l'inconscient et le Surmoi il y a l'immense champ de ce que l'on fait en réalité. Et il est très difficile à l'action de ne pas se laisser influencer par ce Surmoi global – par cette mauvaise conscience collective incarnée par l'ONU. Même ce bandit de George W. Bush a cherché jusqu'à la dernière minute, avant de se lancer sur Bagdad, à se concilier la légitimité du Conseil de sécurité.

Même quand ils ne sont pas respectés, les textes ont une influence sur nos actes – du seul fait de leur existence. Contrairement à ce que veulent toujours penser les « réalistes », il n'y a pas que la souveraineté nationale et les intérêts économiques qui dictent leur intérêt.

Le réel subit l'influence du Surmoi. C'est la chance d'avoir vécu longtemps qui me donne ce recul. En quatre-vingt-quatorze ans, j'ai eu le temps de voir le monde changer. Pas seulement de visage, mais d'esprit aussi. Les guerres ont évidemment modifié les rapports de force, mais la Charte des Nations unies et la Déclaration universelle des droits de l'homme en ont aussi sculpté les contours mentaux.

Je suis convaincu que certaines réponses contemporaines à des problèmes très anciens comme la régulation internationale auraient semblé chimériques lors de ma naissance et même encore vingt ans ou quarante ans après. Mais aujourd'hui, elles sont mises en œuvre : par exemple, les droits de l'homme ne sont plus quelques grands principes et quelques pactes solennels, mais aussi la Cour européenne des droits de l'homme, qui peut poursuivre les États européens et leur demander des comptes, ou encore un embryon de Tribunal pénal international, qui peut mettre en accusation les Pinochet, les Milosevic, les Charles Taylor du monde. Il me semble que ce Surmoi a quand même pénétré un peu plus qu'on ne le croit souvent dans la région du Moi, c'est-à-dire de la triste réalité, souvent, des relations internationales.

Qu'on ne me taxe pas de naïveté : je sais pertinemment que d'importantes grandes puissances ne l'ont pas souscrit ou ratifié. Les Américains n'admettent pas qu'un de leurs ressortissants soit jugé par des étrangers. Israël ou la Chine conservent la même définition jalouse de leurs prérogatives souveraines. Régis Debray le souligne : le risque est de se retrouver avec cette lecture nietzschéenne du droit, où les faibles en appellent à une régulation que contestent les plus forts, lesquels estiment n'avoir de comptes à rendre à personne. C'est ce qui a fait le succès de l'essayiste néoconservateur Robert Kagan à propos de l'Europe au moment de la guerre d'Irak [1] : laissons les Européens s'agiter dans leur monde idéal kantien, ils sont sortis de l'histoire.

Freud, Nietzsche, il ne manque plus à l'appel que le troisième compère de la philosophie du soupçon. Et il y a effectivement encore une autre critique faite à la philosophie des droits de l'homme, que Régis Debray, entre autres, m'a rappelée. Dans son article « La question juive » (1844), Marx explique que les droits de l'homme sont les droits de l'individu séparé de l'homme. En d'autres termes, c'est le droit à l'égoïsme de l'homme bourgeois, qui se meut selon ses intérêts individuels, l'homme séparé de sa communauté, de son passé, de sa classe, de son pays. Selon Marx, les droits de l'homme reflètent l'idéologie de l'embourgeoisement du monde,

---

1. R. Kagan, *La Puissance et la faiblesse. Les États-Unis et l'Europe dans le nouvel ordre mondial*, traduit par Fortunato Israël, Paris, Plon, 2003.

le triomphe de l'individu et de ses intérêts à court terme sur son environnement, naturel et social.

Le doute est fort et la critique pertinente : est-ce que, à un moment donné, les droits de l'homme ne risquent pas de devenir également une sorte d'arme pour l'expansion de l'individualisme dans le monde ? Est-ce qu'ils ne sont pas tout simplement une arme idéologique au bénéfice des plus forts, de ceux qui ont le contrôle du marché et donc des idées dominantes ? Il m'est difficile de nier un certain malaise à voir invoqués dans certaines circonstances les droits de l'homme. Au nom des civilisations supérieures hier, au nom d'une certaine idée de l'égalité des sexes ou de la défense des minorités aujourd'hui… Considérer les lieux où ne sont pas respectés ces droits comme autant de sociétés hors de l'histoire, ou arriérées, à qui il est légitime d'imposer par la force, la colonisation armée, le respect de ces valeurs universelles est souvent facile.

Ce paradoxe, cette contradiction apparente, ce « double standard », comme disent les Anglo-Saxons, est classique – et terrible. Mais il faut différencier. La critique de Marx n'est que partiellement juste : elle s'adresse à l'expérience historique de la domination bourgeoise et de son discours impérialiste ; elle n'invalide pas le concept et sa capacité à revêtir d'autres formes historiques. Dans leur essence, les droits de la personne humaine n'ont de sens que si l'homme est considéré dans toute sa dimension sociale, dans une communauté démocratiquement régie. Démocratie : voilà qu'on en revient à ce mot difficile, de plus en plus difficile au fur et à mesure qu'on l'accommode à toutes les sauces.

Alors revenons aux textes : dans la Déclaration universelle, dès le préambule, il est bien indiqué que les droits civils, politiques, économiques, sociaux, culturels, doivent être protégés par un régime démocratique, faute de quoi, l'homme sera amené une fois de plus à se révolter contre les tyrannies et l'oppression. C'est bien le signe que ces textes ne sont pas écrits « en dehors de l'histoire », que nous n'étions, à l'époque, ignorants ni des avancées apportées par la notion de souveraineté nationale au niveau des relations entre États, ni des dangers de la volonté de puissance et du désir de domination, dénoncés par Marx dans le citoyen-bourgeois et les faux-semblants du régime démocratique libéral.

J'ai parfaitement conscience que la Déclaration des droits de l'homme et tout ce qu'elle implique relèvent d'un vaste programme encore très loin d'être réalisé. Le sera-t-il un jour ?

Sur la fugacité des choses

Je sens encore leur souffle sur mes joues :
Comment cela se peut-il, que ces jours proches
Se soient enfuis, et pour toujours enfuis, passés à jamais ?

C'est là chose que nul ne conçoit tout à fait,
Bien trop affreuse pour que l'on songe seulement à déplorer
Que tout s'écoule et se précipite au néant

Et que mon propre Moi, sans trouver nul obstacle,
Ait glissé jusqu'à moi depuis le corps d'un jeune enfant
Et me soit comme un chien inquiétant, étranger et muet.

Et puis : que j'aie vécu il y a cent ans aussi,
Et que mes ancêtres, qui sont dans leur linceul,
Me soient autant liés que mes propres cheveux

Et avec moi soient un, autant que mes propres cheveux.

Hugo von Hofmannsthal,
traduit de l'allemand par Jean-Yves Masson,
in *Avant le jour*, Paris,
Orphée/La Différence, 1990.

« L'immobile se disperse
et le mouvant demeure »

Exiger l'idéal

Je suis de ceux qui peuvent apparaître comme des rêveurs éloignés du monde réel, mais qui veulent continuer d'espérer qu'une modification profonde du fonctionnement des sociétés humaines est possible. Ce qui paraît encore aujourd'hui si illusoire n'en est pas moins un objectif crédible et atteignable.

Le véritable réalisme est de prendre acte du potentiel humain, et non pas de ses limitations imposées par la résignation. Tel est le sens du message que je m'efforce de dispenser aux générations présentes et à venir. Notre planète n'a pas encore tout dit, nos cerveaux n'ont pas encore tout révélé. Les chemins de l'évolution sont encore longs devant nous – et pour reprendre une image de mon ami Edgar Morin : « Une métamorphose est possible. De la chenille peut sortir un jour le papillon. » Alors faut-il s'en tenir à être une chenille et espérer religieusement l'avènement du papillon ? Ou, plus honnêtement, travailler à ce que la chenille trouve les voies de son évolution ?

Ce qui paraît utopique, illusoire et cause perdue un jour peut tout simplement devenir réel : les féministes se sont longtemps heurtées à la force des traditions, aux représentations imposées par la société et toute une culture phallocratique, et aux limites de la biologie. Mesurons le chemin parcouru, marqué de progrès substantiels, et celui à parcourir encore.

État de nature, nature de l'État :
mondialisation et libertés

Les Lumières se sont malheureusement un peu éteintes. Pourtant cette idée que les différentes formes de progrès des connaissances, des techniques, de l'esprit, progrès politique et social, sont liées était formidable. *Qu'est-ce que les Lumières ?* d'Emmanuel Kant reste tout de même l'un des plus beaux textes, et des plus signifiants, sur le progrès collectif de l'humanité. Je peux comprendre les réticences des penseurs critiques qui, comme Régis Debray, considèrent qu'il y a des lois stables de l'association humaine, relativement invariantes, et que les collectivités sont, les unes avec les autres, dans un état de nature indépassable, qui induit toute la valeur politique et heuristique des frontières.

Pourtant, ce sont ces mêmes penseurs qui admettent qu'il puisse y avoir un progrès à l'intérieur d'une collectivité. Par exemple, la construction du droit et de la démocratie dans le cadre de l'État-nation est un dépassement à l'intérieur même d'une collectivité. Mais dès qu'ils passent la frontière nationale pour l'échelle globale, ils réactualisent le vieux clivage idéaliste/réaliste.

Il n'y aurait alors de dépassement possible qu'à l'intérieur d'une communauté nationale définie. Pour qu'il y ait des droits de l'homme, il faut qu'il y ait un État de droit. C'est l'État qui fait respecter la loi. Mais avec une telle approche qui fait de l'État la clef de tout, on ne peut que s'inquiéter des formes que prend aujourd'hui la mondialisation, qui tend à disqualifier les États. Car si le producteur de normes (gouvernement) et le garant de leur respect (police, justice) disparaissent, qu'advient-il des droits de la personne ?

Faut-il alors au nom des droits de l'homme défendre aussi les États souverains ? Ce n'est là un paradoxe qu'en apparence. D'aussi loin que je me souvienne, Hegel est le philosophe qui m'a le plus impressionné dans ma jeunesse. J'ai lu la philosophie hégélienne comme une représentation du mouvement de l'histoire vers toujours davantage de liberté ; les esclaves l'emportant sur les maîtres, imposant, par conséquent, la liberté, jusqu'à l'aboutissement de l'État démocratique. En gros, l'État de droit comme une fin de l'aventure de la liberté – puisque les libertés individuelles sont enfin respectées. Mais l'échelle internationale bouleverse cet équilibre. Car chaque État n'est qu'une île parmi d'autres, maître chez lui et indifférent à ce qui se passe ailleurs. L'héritage westphalien : les États sont responsables du respect des droits chez eux.

Mais ces droits, que reste-t-il de leur universalité ? L'enjeu revient à faire triompher l'universalisme de la concurrence sauvage et belliqueuse entre États. Les guerres et destructions spectaculaires engendrées par le XXe siècle posent la question d'une régulation mondiale : pour faire respecter les droits universellement, faut-il changer d'échelle et bâtir un État mondial ?

Soyons réalistes : le modèle de l'État-nation (unité culturelle, jeu démocratique) ne convient pas, ou plutôt ne convient plus. Je fais partie de ceux qui considèrent depuis longtemps qu'il faut mettre en place les éléments d'une réelle gouvernance mondiale – dans la coexistence des États, qui conservent leurs prérogatives et responsabilités démocratiques, mais qui sont sommés d'apprendre à travailler ensemble d'une façon telle que ces valeurs fondamentales soient respectées partout. Difficile ? Sûrement. Impossible ? Certainement pas. Il n'y a aucune raison pour que la scène internationale reste le jeu de Hobbes alors que les territoires nationaux ont adopté Hegel.

Dans l'exemple de la question israélo-palestinienne, justement, que j'ai évoquée plus haut, nous avons d'un côté un droit qui n'arrive pas à s'imposer comme une force, et de l'autre une force qui n'arrive pas à faire justice. Entre une suprématie militaire, économique et politique israélienne qui ne parvient pas à produire une situation équitable, et le droit des Palestiniens soutenus par un droit international parfaitement abstrait et dont tout le monde se moque, et dont la seule invocation passe pour une provocation quasi antisémite, c'est l'impasse.

Car il y a des pays qui se sentent suffisamment forts pour s'affranchir des règles communes. On parle toujours des États-Unis ou d'Israël, mais on pourrait aussi citer le Maroc, qui sur le dossier du Sahara occidental est aussi obstiné et injuste qu'Israël vis-à-vis des Palestiniens. Le point commun dans ces deux échecs, c'est l'attitude de la « communauté internationale » chargée de veiller au respect du droit. Car celle-ci est composée d'États plus intéressés à la défense de leurs intérêts propres qu'à l'application et au maintien de ce droit, dont ils sont cependant en principe les garants, puisqu'ils sont signataires des textes fondateurs.

Mais quand je vois que le droit sans la force est impuissant, je n'en tire pas la conclusion que seule la force compte – j'en tire la conclusion que nous n'avons pas encore mis en œuvre les moyens pour limiter la souveraineté des États quand ils outrepassent leurs prérogatives, quand ils manquent à leur responsabilités et ne constituent pas le cadre d'exercice et de garantie des libertés fondamentales. L'un de ces moyens, c'est la conscience des citoyens. Pendant la guerre d'Algérie, c'est cette prise de conscience, progressive, tardive, maladroite, mais réelle, qui a finalement fait pression pour exiger le cessez-le-feu et soutenir la démarche du général de Gaulle vers la décolonisation.

Malheureusement, ces forces manquent en Israël ou au Maroc. Peut-on alors les mobiliser au-dehors ? C'est le sens de mon engagement de parrainage du tribunal Russell pour la Palestine. Bien entendu, c'est une forme très symbolique d'action : ce tribunal n'a ni police, ni administration pour faire exécuter quelque sentence que ce soit. Mais il s'agit d'une de ces initiatives pour que les consciences se développent et pour que les grands problèmes qui paraissaient insolubles deviennent peu à peu solubles. Grâce à l'action de gens convaincus, comme les membres du tribunal Russell pour la Palestine, comme autrefois pour le Vietnam, grâce aux prises de position, aux textes qui rappellent les violations insupportables et inadmissibles, on peut faire avancer les causes.

Et j'en reviens à cette idée que l'idéalisme exerce bien une certaine influence sur nos actes et nous transforme peu à peu, et qui fait qu'essentiellement on devient différent de ce que l'on est existentiellement. Existentiellement, nous restons bien sûr liés aux désirs de conservation, à ces pulsions qui nous incitent à nous méfier de ce qui pourrait peut-être nous élever. Mais je reste convaincu que cette exigence d'idéal peut mettre en mouvement même les plus assoupis.

Transcendances des mondes :
une certaine idée de la planète

Voilà que je me mets comme ça à parler comme un philosophe allemand, comme Sloterdijk, cheminant placidement sur le *Philosophenweg* de Heidelberg, à la même ombre que celle qui enveloppait Hegel, Fichte et les autres, il y a deux siècles, en méditant les ruses de l'histoire, la dialectique du travail, l'esprit et ses œuvres…

Lorsque la philosophie me prend, c'est bien pour m'aider à embrasser toute l'expérience vécue, pour en retirer une vision plus complète – Camus disait quelque chose comme « comprendre, c'est unifier ». Tous comptes faits, il doit bien y avoir quelque chose dans mon être-au-monde et dans ma façon de vivre qui a façonné mon âme. Rester intouché par ce dont on participe, ce que l'on vit et fait, sans grandir intérieurement ni en tirer les leçons… c'est un peu du gâchis.

Je pense que la phénoménologie nous fait bien comprendre à quel point nous ne sommes pas seulement liés dans notre perception de la vérité par les faits bruts matériels, mais qu'il existe des « essences » qui nous permettent d'analyser ce qui se passe autour de nous, d'une manière qui fait sens non seulement pour nous individuellement, mais qui soit consubstantielle avec ces phénomènes eux-mêmes. Concrètement : le phénomène du pétrole est essentiellement commun à tous ceux qui ont à l'exploiter. Au niveau de l'essentiel, du *Wesentliches*, nous cessons d'être dans l'*Eigentumliches*, le singulier. Et c'est par là, me semble-t-il, qu'évoluent toutes les civilisations.

Revenons un instant sur ce processus de civilisation : c'est dans ce long processus de domestication de la violence, de mise en place d'un code moral public, religieux ou laïque, que les sociétés humaines ont progressivement mis un terme à un certain nombre de brutalités inutiles. La limite, c'est que ce processus reste interne à une communauté, à une société donnée. Il viendra un moment où cette civilisation se découvrira singulière dans la multitude des différentes communautés capables de se reconnaître mutuellement comme également légitimes et valables.

Mais ce code moral global… quel peut-il être ? L'écologie planétaire ?

Jean-Claude Carrière m'a fait part de sa réflexion d'anthropologue, d'écrivain voyageur et de disciple bouddhiste en revenant à la notion d'interdépendance. Le problème, et il n'a pas tort, c'est que notre pensée occidentale est plus pressée d'analyser et de classifier que de comprendre et d'unifier. Nous vivons ici, dans l'Occident, dans un monde séparé, où nous mettons tout dans des boîtes, des petits tiroirs.

C'est d'ailleurs ce qu'Edgar Morin reproche constamment à l'éducation occidentale : sa propension systématique au cloisonnement des savoirs, qui empêche la circulation des idées. Jean-Claude Carrière a rappelé aussi la fameuse règle philosophique du « tiers exclu » ; autrement dit, une chose est ceci ou cela et *tertium non datur*, il n'y a pas de troisième voie. Cette logique binaire, Peter Sloterdijk l'a déjà longuement critiquée et battue en brèche dans ses livres, en particulier dans *La Domestication de l'être* [1]. Je me sens donc en continuité totale ici.

Revenons à la tradition asiatique – pas seulement bouddhiste. Il se trouve qu'elle tend à dire exactement le contraire de ce cloisonnement : que les choses sont ceci *et* cela, dans toute vie il y a une mort, dans le yin il y a du yang et réciproquement. D'ailleurs dans le costume que vous portez, il y a des végétaux, des animaux, il y a encore Dieu sait quoi, et rien ne peut vraiment se laisser séparer. Si on commence à vouloir séparer les éléments du réel, on est très vite perdu.

Quand on parle au Dalaï-Lama de ce mot auquel il n'a jamais été donné de véritable définition universelle, l'« écologie », il répond, très étonné et rieur : « Mais vous avez découvert l'écologie il y a trente ans. C'est extraordinaire, car nous nous vivons dans le Tout depuis deux mille cinq cents ans. » Et il ajoute, en prenant l'image bouddhiste de la roue : « Vous croyez que vous êtes le moyeu de la roue, mais cette roue n'a

1. Peter Sloterdijk, *La Domestication de l'être*, Paris, Mille et Une Nuits, 2000.

pas de moyeu. Le cosmos tourne autour de rien. Il n'y a pas un axe, il n'y a pas un centre, il n'y a pas de circonférence. »

Et pourtant, elle tourne ! Chacun de nous est un des rayons de la roue. Un rayon particulier, un rayon doté d'une puissance supérieure aux autres : la capacité à rompre les équilibres naturels, à briser la dynamique harmonique dans laquelle tourne ce monde. Nous sommes le seul de ces rayons qui peut supprimer les autres.

À écouter Jean-Claude Carrière et le Dalaï-Lama, il me semble tout de même qu'il faut rappeler une simple petite réalité historique : c'est que la prise de conscience de cette furieuse capacité à détruire les équilibres, donc de l'interdépendance écologique, n'est survenue chez nous qu'à partir du moment où ces équilibres étaient clairement menacés.

Dans les années 1970, le degré de destruction apporté par ce seul rayon de la roue du monde a commencé à se voir. Les hommes auraient aussi bien pu continuer à se prendre pour le moyeu s'il n'y avait pas eu un début de prise de conscience du fait que l'on détruisait le Tout, qu'on lui portait gravement atteinte.

C'est comme ça qu'est née en Occident tout récemment cette attention qui paraît éternelle à nos amis orientaux ou bouddhistes. L'écologie telle que nous la comprenons provient d'abord d'une prise de conscience historiquement datée de l'interdépendance des hommes et de leur milieu naturel ainsi que de leur environnement global. Mon espoir, c'est que cette conscience puisse s'élargir presque indéfiniment. Elle peut se clarifier encore et atteindre une forme d'éveil. Alors, nous n'aurons plus besoin de détruire quoi que ce soit, puisque nous serons avec tout.

Individus et multitudes dans la roue du monde

Le principal obstacle sur le chemin de cette éventuelle conscience globale – qu'on appelle dans l'hindouisme la « vision universelle » – est la nécessité de la disparition de l'ego. Simple petite difficulté soulevée par Jean-Claude Carrière. C'est l'autre concept que les bouddhistes évoquent quand on leur demande de l'aide : l'impermanence. Rien n'est fixé dans une durée. Rien n'est assuré de persister. Tout passe, y compris nous-mêmes. Alors non seulement « on ne se baigne jamais dans le même fleuve », puisqu'il coule, mais en plus, « ce n'est jamais le même baigneur » puisque nous changeons aussi. Jean-Claude Carrière vient compléter Parménide. Je crois que la boucle est bouclée.

Il est vrai que cette notion d'ego obsède l'Occident. Il suffit d'inspecter les rayons d'une librairie pour constater le nombre d'ouvrages d'analystes, de psychologues, d'écrivains, qui tournent autour de l'ego. Pourtant, d'après Jean-Claude Carrière qui a rencontré de multiples fois le Dalaï-Lama, on éprouve en sa présence cette impression extraordinaire d'être devant un homme très intelligent, très détendu, très souriant mais dont il est impossible de cerner l'ego, de dire : « Voilà qui il est. » Il est comme fondu dans tout ce qui l'entoure. C'est un état très difficile à atteindre. Cela suppose non seulement beaucoup de renoncement à telle ou telle possession, à tel ou tel attachement comme nécessaire

184

au bonheur. D'où une certaine difficulté pour les Occidentaux à saisir le complément à l'interdépendance qu'est l'impermanence de toute chose.

Pour illustrer ce concept, Carrière cite ce beau vers d'un hymne shivaïte du Vᵉ ou VIᵉ siècle de notre ère : « L'immobile se disperse et le mouvant demeure. » Le mouvement en soi a une qualité. Et ce mouvant demeure. Tout ce que nous déclarons immobile, stable, durable se disperse finalement.

Nous autres Occidentaux sommes quand même attachés à l'idée de cible, de but. Notre histoire est linéaire et nos religions, quand elles n'attendent pas la fin du monde ou le retour d'un Messie, attendent la croissance – qui n'est elle-même d'ailleurs rien d'autre qu'une ligne. Nous essayons toujours d'atteindre une cible.

Mais alors, qu'atteint-on ? Je sens à travers cette question que le problème de l'engagement va se poser en des termes différents. Si d'une certaine façon tout est toujours parfait, et que l'impermanence rende caduque mon opinion ou ma vision du problème dès que je l'ai formulée, alors comment faire pour tout à coup se concentrer sur tel problème d'une crise économique, de l'indépendance d'un pays, d'un peuple soumis et torturé – comment faire pour porter toute notre énergie là-dessus ?

Ernst Jünger dans son *Waldgänger* [1] considère que la sérénité personnelle n'est pas tenable dans un monde qui souffre – on n'ouvre pas des salles de yoga quand on torture nos frères aux étages inférieurs. Et Jean-Claude

1. Ernst Jünger, *Traité du rebelle*, Paris, Christian Bourgois, 1995.

Carrière pose aussi lui-même la question : si l'on veut agir, il faut être très concret, concentrer toutes nos forces, être soi-même, développer des arguments. Comment alors concilier ces deux injonctions qui semblent contradictoires, l'indignation nécessaire à la mise en branle d'une volonté et l'équanimité d'une conscience réalisée ?

Il y a néanmoins, selon moi, une conciliation possible. Je reste par définition très attaché à l'idée que nous avons à faire des choses dans un monde qui va mal. Mais si on part de cette sérénité acquise, peut-être en vient-on à considérer qu'il est possible d'agir, de faire ce qui est nécessaire et voulu, avec toute son énergie – et le sentiment, la certitude, qu'on ne sort de cet état que pour y revenir une fois l'action accomplie.

Par conséquent, il ne faut rien faire qui puisse nous condamner à perdre cet équilibre. D'où la nécessité de l'action non violente, du dialogue, de la négociation… L'action du Dalaï-Lama à la tête de la résistance nationale tibétaine est une assez bonne illustration de cette pratique : il est le seul qui ait réussi, tout de même, et depuis très longtemps maintenant, à faire qu'il n'y ait eu aucun attentat terroriste commis par les Tibétains à l'égard des Chinois. Et cela malgré les tentations et les groupes d'activistes qui voudraient manifester, de façon très vaine et suicidaire, leur antagonisme à l'égard du pouvoir chinois. Il a toujours réussi à les calmer et même à dire qu'il prie pour les Chinois. Il le dit tout le temps. Il dit qu'il y a du bon dans les Chinois. Il aura laissé une trace qu'on peut appeler « exemplaire » à ce sujet. Pour moi, ce fut un grand plaisir de le rencontrer tout récemment, le 13 août 2011 à Toulouse, et d'avoir l'occasion d'échanger des propos entre hommes de bonne volonté.

Harmonie et ordre des nations

Finalement, à partir d'Héraclite, de Parménide et du Dalaï-Lama, il est possible de reconnaître l'extraordinaire insuffisance de la politique des nations, dressées les unes contre les autres. Et de la même manière, naturellement, celle des puissances économiques et financières, elles aussi dressées les unes contre les autres. Car je constate que malgré les apparences et le discours de la mondialisation financière, il n'y a jamais eu de véritable effort pour unifier l'économie mondiale.

On aurait pu imaginer que les grands magnats se soient rencontrés, à Davos par exemple – pourquoi pas ? –, pour partager une certaine volonté de régulation commune et mettre à profit l'immense puissance qu'ils détiennent pour régler harmonieusement la marche de l'économie mondiale, et par conséquent ne pas entrer dans une compétition stérile, mais au contraire tenter d'œuvrer à un bien commun de l'humanité. On peut rêver, non ?

Voilà trop de siècles que nous sommes dominés par les rivalités destructrices. Et surtout cette comédie hypocrite de l'oligarchie mondiale. Les puissants et leurs représentants qui se rencontrent à Davos ou ailleurs connaissent d'avance les différences qui les opposent et qui sont insolubles. Par exemple, dans le cas si inextricable du conflit au Proche-Orient. Si l'on reprend cette bataille à la lumière bouddhiste ou orientale, on pourrait s'inspirer d'un précepte surprenant :

« Mon ennemi est mon meilleur gourou. » Ce qui veut dire que dans mon ennemi, quel qu'il soit, si férocement que je puisse le détester, il y a quelque chose de bon, de juste. Bien sûr que c'est difficile, car on s'en tient toujours à des définitions extrêmement restreintes : l'ennemi est l'ennemi – il faut le détruire ou le soumettre. Et *tertium non datur*. Alors qu'il ne peut y avoir de véritable solution que dans la recherche chez l'ennemi de ce qu'il peut m'apporter à moi. Voilà une façon pour la diplomatie de prendre un sens qu'elle ignorait.

Dans ma défense inconditionnelle des Nations unies, j'aime les présenter comme un merveilleux instrument jusqu'ici mal utilisé – c'est comme si on avait un orchestre symphonique professionnel et complet, dont on sait très bien qu'il peut jouer la *Cinquième Symphonie* de Beethoven ; mais en attendant, il produit des borborygmes dissonants, et les musiciens s'arrêtent sans cesse et s'engueulent : « Mais tu ne joues pas la même musique que moi ! » Alors ?

Quel gâchis, en tout cas, de laisser cet orchestre magnifique sans partition ni direction. Ça aurait pu, ça peut encore peut-être un jour régler ce problème tellement mal réglé actuellement du vivre-ensemble sur une même planète. Penser l'instrument était visionnaire. La partition, c'est le droit. La musique, c'est la loi et ses applications.

Jean-Claude Carrière m'a invité, une fois, à une relecture originale d'un livre fondateur pour l'ensemble du mouvement politique de l'Occident : *Du contrat social* de Rousseau. La première phrase dit que « l'homme est né libre et partout il est dans les fers ». C'est une belle phrase, très brillante, mais qui serait fausse selon lui. Car l'homme ne naît pas libre du tout. Il ne choisit ni son sexe, ni son lieu de naissance, ni sa religion dans la plupart des cas, encore moins sa famille ou ses gènes. Il naît tout sauf libre. Mais quand cette phrase est adaptée dans la Déclaration des droits de l'homme, elle devient : « Les hommes naissent et demeurent libres en dignité et égaux en droits. » Ce qui fait du mot « droits » un élément structurant absolument essentiel, parce que s'ils sont libres et égaux en droits, ça veut dire qu'ils ne le sont pas en fait. C'est ce que veut dire le texte. Ma chère déclaration est donc bien un programme et non un constat.

Avec une insistance qu'on me reproche, je cite les deux termes qui sont utilisés ensuite : raison et conscience… Dans le programme que nous avons rédigé en 1948 se trouvent dès les prémisses l'appel à la conscience humaine, à une forme de lucidité, de sens des responsabilités, de capacité d'autolimitation mais aussi d'amour de la vérité. Être conscient de sa propre raison veut dire la faire passer devant son propre tribunal, comme le suggérait Kant. Seule la conscience peut permettre à la raison de diriger la raison. Et nous en avons bien besoin.

Symbiose des civilisations

C'est autour de la notion de dignité que peut se dessiner l'avenir d'une conscience collective globale. Car la dignité c'est d'abord quelque chose de très concret, ancré dans le réel des situations humaines : ne pas être offensé, humilié, méprisé. Et ce respect pour l'être humain, dans ses gloires comme dans ses misères, peut devenir global. Edgar Morin parle justement souvent des « aspects positifs de la globalisation ». Et s'il y a indéniablement de très nombreux effets négatifs, systématiquement niés par les libéraux béats, il y en a effectivement aussi quelques-uns de positifs, n'en déplaise aux souverainistes aigris, aux nationalistes vengeurs ou aux gauchistes bornés. Au premier chef, grâce à la mondialisation, nous avons pris conscience de notre interdépendance.

Morin montre par exemple l'enrichissante interpénétration des différents modes de penser en matière de médecine. On pourrait citer aussi le rapport à l'environnement – j'ai déjà évoqué ces civilisations englouties par la modernité dont le rapport à l'environnement naturel en forme d'équilibre dynamique pourrait inspirer de nouveaux comportements à l'échelle mondiale. L'Orient rencontre l'Occident dans une forme de dialogue qui n'est plus le fantasme réciproque des siècles précédents, entre colonialisme, résistance et orientalisme.

Simplement, le monde évolue, et il faut l'y encourager, vers une sorte de symbiose des civilisations, où chacune apporte le meilleur de son expérience culturelle et historique pour équilibrer les vices des autres et combiner leurs vertus respectives. Les droits de l'homme et de la femme, la démocratie, la liberté individuelle sont des aspects positifs de la civilisation moderne. Et pour les civilisations traditionnelles, la relation à la nature, que nous avons perdue, le sens de la solidarité qui s'est dégradé en nous, le respect, ne serait-ce que celui des anciens qui ne sont pas rejetés dans des asiles, sont des atouts à méditer.

Cet apprentissage devrait même être une occasion d'enfin surmonter cette disjonction persistante et mutilante qui caractérise le monde occidental moderne, entre esprit et matière, séparant toutes les choses alors que toutes sont reliées. C'est là le cœur de la réforme de la pensée à la Morin : considérer que même des civilisations qu'on peut juger très archaïques, comme celles des indigènes du Brésil, apportent des valeurs précieuses, pas seulement dans la solidarité, mais aussi dans les connaissances du monde et de la nature – sur les vertus des plantes, des animaux. Les Marchands l'ont déjà compris, puisqu'ils cherchent à l'accaparer pour augmenter encore leurs profits. Mais les Politiques sont à la traîne, car ils restent encore confits dans leur arrogant occidentalocentrisme.

D'un autre côté, il est bon aussi de reconnaître les vertus de notre propre civilisation. Nous avons par exemple dans notre tradition occidentale, très présente dans la pensée française, une forte tendance à la rationalité autocritique – on la retrouve par exemple chez Montaigne et Montesquieu et toute cette tradition qui se poursuit jusqu'à Lévi-Strauss. Cette rationalité autocritique est aussi un trésor que nous devons garder et répandre. Chez nous, et au-delà.

Cette symbiose des civilisations semble aller de plein fouet contre le débat dominant aujourd'hui sur le danger du multiculturalisme en Europe. En Allemagne avec la *Leitkultur*, en France avec l'identité nationale, en Finlande, au Danemark, en Suède, avec les partis populistes identitaires, en Belgique, Italie, Autriche avec les régionalismes séparatistes, aux États-Unis même… on semble assister à une offensive généralisée contre le mélange des cultures. Il est compréhensible en un sens que le mouvement de mondialisation et d'échanges accrus, de circulation des idées et des personnes, produise son antithèse. Mais il n'y pas de quoi s'en réjouir.

Du reste, la multiplicité des cultures est la seule chose qui fait une culture. Il n'y a pas de culture qui soit l'apanage d'un seul élément culturel. Si elle se fondait sur une seule façon de vivre, elle serait un carcan, non un point de passage. Le multiculturalisme est ce qui a fait la force de l'Amérique, de l'Europe et du monde romain, pour ne prendre que quelques exemples à l'échelle continentale. Caracalla, avec son édit conférant en 212 la citoyenneté romaine à tous les habitants de l'empire, illustre très bien la force de l'universalisme transcendant toutes les cultures de base.

Même la France n'est qu'une mosaïque de cultures diverses. Les rois de France disaient « nos peuples » ; il a fallu attendre la Révolution française et la frénésie administrative de la République pour qu'on s'attache à détruire les langues régionales, combattre les particularismes locaux et réduire la diversité culturelle de ce grand pays à une collection de folklores régionaux méprisés par l'élite politique et culturelle de la capitale. Le multiculturalisme est une notion inventée par le pouvoir politique moderne pour caractériser le retour d'une diversité que les États-nations s'étaient acharnés à réduire, contrôler et même détruire.

Aujourd'hui, on assiste à la même dialectique : une culture mondiale unifiante mais mutilante face aux particularismes locaux qui revendiquent leur originalité, quitte à jeter le bébé de la paix mondiale avec l'eau du bain de la mondialisation. Et au milieu, le discours ambivalent sur le multiculturalisme, qui du côté de

McDonald's signifie que toutes les cultures mangeront un jour de la *junk food*, et de l'autre joue à Astérix contre Mickey.

Mais il faut regarder les choses plus en détail. La culture globale ne se résume pas à Disney et Coca. La musique, avec le rap, le raï, le jazz, le rock, etc., fait déjà figure de culture universelle. Elle illustre bien d'ailleurs les apports mutuels dans une grande symbiose : musique des Noirs américains, le jazz s'est d'abord développé dans les caves de Saint-Germain-des-Prés, pour revenir irriguer la musique américaine dans le rock'n'roll ; il y a aussi l'exemple du voyage mondial des rythmiques africaines ou l'épopée récente de la musique dite « électronique ». L'intérêt majeur de la culture, c'est qu'il y en a plusieurs, et que chacune peut à la fois bénéficier de l'autre, celle qui n'est pas la sienne.

Ce qui se passe en Europe aujourd'hui à ce sujet interroge. L'Europe reste une énigme à définir. Est-ce simplement une géographie ou est-ce que c'est aussi un destin ? Si c'est un destin, ça doit être un destin culturel, parce que l'Europe a cette spécialité d'avoir une longue histoire culturelle. Entre Grèce, Rome, christianisme, Moyen Âge, Renaissance, siècle des Lumières, extrêmes du XXᵉ siècle, c'est en Europe que, sur la durée, il a pu y avoir une accumulation culturelle dans la diversité. Parce que si nous sommes tous européens, il y a quand même une différence entre la Grèce et la Suède, entre l'Allemagne et l'Espagne, et tout cela représente une mosaïque culturelle qui a sa richesse propre.

À mon avis, si nous voulons jouer un rôle, nous Européens, dans le monde, c'est au nom de la juxtaposition et de la diversité des cultures qui sont présentes chez nous. L'autre pays qui pourrait avoir ce même rôle, ce n'est ni la Chine, ni l'Inde, ce sont bien sûr les États-Unis, qui ont été composés par les Européens après avoir sauvagement éliminé les Indiens. C'est peut-être à cause de cette diversité culturelle commune que la relation Europe/États-Unis a quelque chose de très particulier.

Le rapport à l'immigration est au cœur des problématiques actuelles dans nos sociétés. En France cette question s'est progressivement dégradée. J'ai été pendant quelques années le président de l'Office national pour la promotion culturelle des immigrés. Il s'agissait de montrer la chance pour la France d'avoir sur son territoire des Portugais, des Italiens, des Espagnols, des Marocains, des Tunisiens, des Sénégalais, et tant d'autres qui chacun lui apporte ses spécificités culturelles.

L'idée était justement d'éviter à tout prix de les déculturer, et d'en faire des « Français comme les autres ». Ce qui ne veut rien dire d'ailleurs, à moins de croire aux clichés du béret-baguette-bouteille de vin ; parce que être français, c'est d'abord un état d'esprit, avant d'être un ensemble de références culturelles. Avec mon adjoint Yvon Gougenheim nous avons tenté de faire connaître aux Italiens les cultures espagnoles ou vietnamiennes qu'il y avait en France, et aux Vietnamiens les cultures portugaises ou arabes qu'on trouvait dans ce pays. Faire un mélange, une interconnexion des différentes sensibilités qui enrichissaient finalement la culture française, c'était ça l'effort le plus stimulant et le plus enrichissant. J'ai beaucoup appris, à la fois sur la possibilité et la difficulté de la multitude de tous ces héritages.

Faire sortir quelqu'un qui est en France de la conjonction de la culture française et de sa culture d'origine, c'est déjà un problème. Si on veut ensuite le faire profiter d'un peu de culture turque ou d'un peu de culture portugaise, c'est encore plus difficile. Mais chaque fois qu'une œuvre sénégalaise d'importance peut être montrée comme s'adressant non pas seulement à l'esprit français dominant, mais aussi aux immigrés d'Italie, d'Espagne ou de Turquie, cette œuvre devient tout à coup quelque chose d'universel qui enrichit tout le monde.

Il faut pouvoir se réjouir que les cultures coexistent et s'interpénétrent ainsi, dans le respect mutuel de leur originalité – Régis Debray dirait de leur « territoire », dans leurs « frontières » –, de peur qu'elles ne perdent de leur substance propre.

Ça sonne peut-être comme une évidence, mais la diversité culturelle est la réponse aux crispations identitaires. Willy Brandt disait fort justement que réduire le budget de la Culture, c'était ouvrir la voie à la barbarisation du monde. Clinton a même fait mieux, m'a-t-on soufflé, dans un discours sur l'état de l'Union, en affirmant qu'éducation et culture étaient des questions de sécurité nationale – mais là, il n'avait qu'à reprendre la tradition d'Abraham Lincoln.

Pourtant j'ai le sentiment que, en Europe comme aux États-Unis, on préfère mettre nos ressources dans les budgets et les expéditions militaires. Il me semble qu'on gagnerait plus à financer une ambitieuse politique du livre et de diffusion des savoirs et d'alphabétisation dans des pays où nous estimons avoir des intérêts

vitaux, comme le monde arabe, l'Afrique, et que sais-je
encore.

Au-delà des identités :
rendre le monde aux hommes

La culture comme réponse aux crispations identitaires ? C'est presque une évidence – et pourtant ? Nous
sommes de plus en plus nombreux à appeler à une
réforme de l'éducation – partout, et pas seulement en
France. Cette réforme devra considérer évidemment ses
objectifs centraux autour de la valeur de la dignité de
l'homme, la valeur du respect d'autrui, la valeur de la
joie de vivre, du jeu, de la poésie, qui pour moi est
essentielle. En outre, le civisme, c'est-à-dire l'attachement à la construction sociale, pas seulement à l'administration publique ni même simplement au droit, mais
au sens d'une communauté qui veut construire
ensemble.

Ce fut autrefois le rôle plus ou moins assumé par les
familles, mais la vie moderne n'autorise plus le même
rapport au temps et les enfants échappent le plus
souvent à leurs parents. Que reste-t-il alors, sinon une
succession d'enseignants formés à dispenser des
savoirs, parfois des méthodes, mais pas à donner du
sens à la vie. Le résultat, c'est cette jeunesse déso-
rientée et dissipée qui n'a plus les moyens de penser son
rôle ou sa place dans la société. Et se laisse dévorer par
les contre-modèles de la réussite économique individuelle colportés par les médias de masse.

Dans le jeu itératif que j'ai mentionné, entre forces
économiques, pouvoir politique et simple citoyen, la

réforme de l'éducation tient une place cruciale. C'est parce qu'elle permet d'accompagner les différentes étapes de la prise de conscience, de l'indignation à la mobilisation, que le monde n'appartient plus aux seuls gouvernements.

Et ceci, *a fortiori* à un moment où les gouvernements eux-mêmes doivent reconnaître qu'ils ne sont plus maîtres de leur destinée. Ce sont les forces économiques et financières qui nous font marcher, plus que l'intelligence des États… Il faudrait que dans la force d'indignation et de mobilisation des citoyens se fasse jour un message simple et clair : le monde nous appartient – à nous, et certainement pas aux États et encore moins aux forces financières dont ils sont devenus les jouets.

Mais il reste encore trop d'identification à l'État qui nourrit le conservatisme des sociétés. Dany Cohn-Bendit me faisait remarquer par exemple que le débat public, ou plutôt son absence, sur la question du nucléaire en France ou de l'intervention militaire allemande en Lybie démontrent la permanence des représentations, beaucoup plus encore que les stupidités sur l'identité nationale : la France est un État nucléaire, donc les Français sont pronucléaires ; l'Allemagne est un État pacifiste, donc les Allemands sont pacifistes.

Peut-on sortir des apories de l'identification nationale unique par la citoyenneté mondiale ? Je suis de ceux qui pensent qu'il n'est pas nécessaire d'avoir pour objectif principal d'être fier de notre État. Nous sommes de plus en plus nombreux à avoir pour objectif principal d'être fiers de la façon dont fonctionne le monde.

En forme d'envoi, j'aimerais revenir brièvement sur l'échange que j'ai eu avec Jean-Claude Carrière. Nous discutions à bâtons rompus de la sagesse orientale, le rapport entre la vision chinoise du yin et du yang et la vision grecque de l'équilibre entre les divinités, avec comme seul élément fixe la destinée et notre curiosité enthousiaste. C'est l'expérience partagée de l'idée que le monde est absolument et irréductiblement multiple. En ce sens, rappelle-t-il, les traditions chinoises et indiennes nous parlent aujourd'hui de plus près. L'idée que, par exemple en Inde, la création et la destruction sont intimement liées, qu'il ne peut pas y avoir création sans destruction, qu'il ne peut pas y avoir Brahmâ sans Shiva. Mais il ne peut pas y avoir de destruction sans recréation. C'est-à-dire qu'il ne peut pas y avoir Shiva sans Vishnou, qui fait tous ses efforts pour maintenir le monde tel qu'il est – efforts qui sont vains, nous le savons tous, car le monde va pour se détruire – mais qui réapparaîtra sous une autre forme.

Cette multitude de forces complexes, apparemment contradictoires, est fascinante. Et très riche d'enseignement pour la marche politique, économique, culturelle du monde contemporain. Permanence du mouvement en quelque sorte. Comme l'a dit Samuel Beckett, « l'essentiel, c'est de n'arriver nulle part », ce qu'un texte soufi dit d'ailleurs d'une autre façon : « Dès qu'une chose t'arrête, elle devient une idole. » Intellectuellement, politiquement, artistiquement, c'est cette idée de ne jamais s'arrêter sur une certitude. De tout, constamment, remettre en question, y compris ce qu'on croit être le plus exact, le plus juste en nous. Car l'illusion d'avoir trouvé la vérité, au mieux nous fixe là où nous sommes, au pire nous conduit à vouloir l'imposer aux autres. C'est cette idée d'un flux perpétuel que nous sommes, d'une forme emportée vers la mort qui nous aspire tous ; mais d'autres formes suivront, auxquelles nous aurons donné naissance inévitablement.

En conclusion, Jean-Claude Carrière m'a fait remarquer que cette dialectique entre création et destruction rejoint l'état de la physique contemporaine, qui nous apprend que nous sommes composés de particules élémentaires et d'atomes qui sont les mêmes. Ces atomes sont immortels, on n'a jamais vu la « mort d'un atome », et ils se recombinent dans d'autres corps. Quand ces atomes se réunissent pour former des molécules et ces molécules pour donner une forme, immédiatement, cette forme est mortelle. Il y a un niveau où la mort apparaît et nous domine, quelle que soit notre matière – minérale, végétale, animale ou humaine. La condition même de la forme est d'être mortelle. Tout cela est très oriental. On retrouve profondément, au cœur des grandes pensées orientales, que le prix à payer pour être « vous » et « moi », c'est de mourir. C'est d'être appelé à mourir un jour. Nous aurions pu être immortels, mais dans ce cas-là nous n'aurions pas existé.

Ce petit condensé de philosophie orientale me rappelle une pensée qui m'est très chère, de Rainer Maria Rilke : « Nous butinons éperdument le miel du visible pour l'accumuler dans la grande ruche d'or de l'Invisible. » Autrement dit, mourir est une autre façon d'être que vivre, mais c'est encore une façon d'être. La grande mosaïque que représente l'être, composée des multiples individus humains, animaux, maisons, campagne, pour ne parler que de la terre, tout ça existe quelque part dans un ensemble, dans une cohésion qui va me reprendre bientôt. Nous mourrons mais nous ne serons pas pour autant inexistants. L'existant que nous avons été, c'est un existant qui fait partie de tous les existants et qui retrouve sa place dans l'espace immense des existants. C'est là une pensée qui m'a beaucoup plu chez Rilke.

Et vu mon grand âge, je la trouve fort à propos.

Comme disait Shakespeare dans *La Tempête*, « le passé est un prologue ».

La panthère

Au jardin des Plantes, Paris

Derrière les barreaux qui défilent, son œil
est devenu si las, qu'il ne fixe plus rien.
Pour elle il n'y a plus que des barreaux sans fin,
derrière ces barreaux il n'y a plus de monde.

Elle va souple et forte en démarche féline,
tournoiement qui se meut en un espace infime,
comme la danse d'une force autour d'un centre,
où se loge engourdi un immense vouloir.

Il arrive parfois que, sans bruit, la pupille
relève son écran –. Une image y pénètre,
traverse l'arc tendu, silencieux, des membres,
et s'arrête de vivre en parvenant au cœur.

R. M. Rilke,
traduit de l'allemand par Dominique Iehl,
in *Œuvres poétiques et théâtrales*,
Paris, Gallimard, coll. « La Pléiade », 1997.

Comment y parvenir ?

J'ai eu beaucoup de chance !

De vivre heureux, surmontant mes nombreux échecs. De ne jamais douter de la pertinence de mes efforts, même lorsque à l'évidence ils n'aboutissaient pas au résultat recherché. J'y ai été grandement aidé par certaines rencontres dont je veux maintenant rendre compte.

Un penseur disparu il y a quatre ans, Jacques Robin, auteur de *Changer d'ère* [1] nous a indiqué le chemin avec la vigueur de sa plume et de sa voix. Le groupe des Dix, où il a mobilisé des intelligences fécondes, a donné aux dernières années du XXe siècle une mobilité intellectuelle encore vive dans des thèses comme celles de Patrick Viveret, qui en est l'un des héritiers.

C'est là que je suis tombé sur le plus stimulant, le plus inlassable, le plus intellectuellement généreux des amis, Sacha Goldman. Homme à créer des liens, multiplier les rencontres, entreprendre sans cesse de nouvelles combinaisons d'idées. Il m'a d'emblée pris le cœur.

---

1. Jacques Robin, *Changer d'ère*, Paris, Seuil, 1989.

Avec lui, j'ai entrepris une recherche qui n'a pas encore porté tous ses fruits, mais qui vise à répondre à ce dont le monde a le besoin le plus urgent. Elle doit aboutir à un Livre blanc évolutif aux ambitions les plus hautes, et en même temps aux moyens les plus novateurs : faire travailler ensemble les esprits les plus éclairés et les dirigeants les plus expérimentés. Nous voulions l'appeler *Collège éthique international*. Mon ami William Van den Heuvel, qui assistait à l'une de nos premières rencontres, nous a mis en garde : collège, ça ne va pas en anglais. Bon. Nous avons dit Collegium. Il est devenu *International ethical, scientific and political Collegium*. Nos présidents étaient Michel Rocard et Milan Kucan, deux hommes d'État qui connaissaient les contraintes de l'exercice du pouvoir politique, tout en n'étant déjà plus au pouvoir. L'appel que nous avions rédigé avait convaincu, tant par sa modestie que par son ambition, une trentaine d'anciens chefs d'État ou de gouvernement, mais aussi des savants, des sociologues et des économistes du monde entier.

Il fallait à la fois les réunir, physiquement ou « internettiquement », les convaincre de ne pas lâcher la rampe, obtenir leur participation à l'écriture de textes qui se veulent porteur de « *soft power* », c'est-à-dire d'influence subtile, mais puissante, sur les détenteurs des vrais pouvoirs.

Sacha était au cœur de cette formidable entreprise, qui n'a pas encore dit son dernier mot. Et moi, incapable de lui résister, je m'associais à chacune de ses initiatives, ravi d'y côtoyer des hommes et des femmes pour lesquels j'avais une réelle affection : Michel Rocard, bien sûr, Mary Robinson, René Passet, Edgar Morin.

Vers quoi allions-nous au juste ? Rien de moins que comprendre, dans leur diversité et leur interdépendance, les problèmes majeurs d'un temps de crise dont l'humanité sortirait ou non. Puis proposer des cheminements, des tentatives, des avancées courageuses, puis des replis prudents, des mots d'ordre mobilisateurs, dont le pouvoir de conviction s'imposerait aux cent quatre-vingt-treize délégués des États membres de l'ONU lors de leur Assemblée générale.

Nous cherchions, Sacha et moi, des rédacteurs persuasifs, comme Patrick Viveret, habile à tirer d'un débat ouvert les quelques phrases simples et claires, à partir desquelles on peut progresser.

Notre premier texte, je l'ai déjà évoqué, fut la « Déclaration universelle d'interdépendance », rédigée avec l'aide de Mireille Delmas-Marty.

S'il me reste encore quelques années à vivre, c'est à l'amitié et à l'encouragement sans relâche de Sacha que je devrai de les employer à donner au Collegium le plus de pouvoir de pénétration possible. Pénétration du scepticisme, du « y a rien à faire », que tant d'événements consolident, si on ne sait pas qu'ils ne sont jamais plus que des barrières à sauter, des murs à escalader pour aller plus loin.

Une autre rencontre donne force à un engagement dont j'ose à peine espérer qu'il obtiendra un vrai résultat avant que je ne disparaisse. Celle de Pierre Galand, sénateur belge, président, dans ce pays chancelant et précieux à la fois, de l'Action laïque. Son initiative, soutenue par notre grande amie palestinienne, Leïla Chahid, et par sa courageuse partenaire israélienne, Nurit Peled-Elhanan, de mettre en action un tribunal Russell sur la Palestine, m'a tout de suite mobilisé.

Il s'agit de prendre la suite du tribunal civique créé il y a quarante ans par le grand humaniste britannique Bertrand Russell pour faire pression sur l'opinion publique mondiale et faire sortir les États-Unis de l'interminable guerre du Vietnam.

Pierre Galand nous a convoqués à Bruxelles il y a trois ans et nous a proposé de réunir témoins et experts de toutes les violations du droit infligées au peuple palestinien, non seulement par leur puissant voisin Israël, ses colons et ses armées, mais aussi par l'Union européenne et par Washington, incapables l'une comme l'autre d'obtenir de leur allié de Tel-Aviv qu'il cesse de bafouer toutes les règles internationales. Il a pensé aussi tenir les entreprises économiques, industrielles, commerciales, pour responsables d'entretenir, avec ces colonies illégales qu'Israël a multipliées au long de ces dernières années, des relations coupables.

Le tribunal Russell sur la Palestine est pour moi un instrument destiné à faire passer mes nobles idées dans la réalité cruelle, avec l'aide de plusieurs centaines de femmes et d'hommes disposés à s'y engager.

La première session du tribunal s'est tenue à Barcelone en mars de l'année dernière, la deuxième à Londres en novembre. Entre les deux j'avais, avec ma femme et les dirigeants de « La Voix de l'enfant », effectué notre cinquième séjour à Gaza, alors que Robert Goldstone venait de céder à la pression de ses amis juifs et de s'excuser d'un rapport dont nous pouvions cependant vérifier sur place la validité.

Nous préparons la troisième session en novembre prochain au Cap avec le concours d'amis sud-africains qui savent ce que c'est que l'apartheid, et peuvent nous aider à le comparer – sans en méconnaître les différences – avec le sort des habitants des territoires occupés.

J'irai donc au Cap. Et aussi à New York, où l'on s'apprête à publier une version américaine d'*Indignez-vous*.

Sincèrement, je ne crois pas manquer totalement de modestie. Je crois plutôt souffrir de voir tant de bonnes idées affluant vers moi et échangées entre tant d'esprits éclairés rester stériles tandis que les sociétés humaines se détériorent.

J'ai donc besoin de m'associer, pas seulement à des textes (comme celui-ci), mais à des actes. D'où ma toute particulière reconnaissance pour des amis qui m'accueillent depuis plus de dix ans dans une fondation qui soutient des projets civiques dans de nombreuses régions du monde. Elle s'appelle « Un monde par tous » – et non « pour tous ». Et voici comment j'y suis entré.

À la fin des années quatre-vingt, je venais régulièrement à Genève où je représentais la France à la commission des Droits de l'homme. J'y ai rencontré François Roux. Cet avocat de Montpellier présidait dans cette ville un Institut des droits de l'homme, déjà très présent hors de France, en Roumanie, en Afrique, aux côtés des tribunaux pénaux internationaux. Me jugeant rescapé du conflit germano-français et capable d'en parler à des jeunes pris dans des conflits qu'il est urgent de dépasser, il me propose de l'accompagner au Burundi. Le président hutu venait d'y être assassiné. Ce devait être la première étape d'une série vertigineuse de massacres, la pire étant le génocide des Tutsis au Rwanda.

Cette mission à laquelle je m'associai volontiers était financée par un homme resté d'abord mystérieux, voulant rester incognito, mais qui devint vite pour moi un véritable Hermès. Il s'appelle Patrick Lescure, et habite un village au cœur des Causses, en Lozère. Le hasard familial l'a brusquement mis en possession d'une fortune assez substantielle, à partager avec ses frères. Ce qu'en firent les autres ne l'intéressait pas. Lui, militant depuis son adolescence, décida d'en doter une fondation proposant aide et appui à des groupes humains décidés à se prendre en main, mais empêchés d'y parvenir faute d'un soutien fort et bref. Il avait associé à cette entreprise mon ami François Roux, ainsi qu'un sage ami d'Albert Camus, pédagogue et urbaniste, Paul Blanquart. Il me proposa d'être le quatrième.

Cette activité, qui est aujourd'hui celle qui me donne les plus forts plaisirs d'« être » et de « faire », me mettait en relation avec plus de cent projets de défense des droits, de soutien des marginaux, des protestataires, des engagés dans une tâche éducative ou écologique ; mais elle me mettait aussi en relation avec les Cévennes.

Patrick et François, tous deux anciens du Larzac et de sa lutte victorieuse contre les militaires, y participaient régulièrement à la transhumance annuelle que conduisait leur ami berger Bernard Grellier et son épouse Nadine. Celui-ci en avait fait un moment de grâce : quelques amis et amies étaient conviés à suivre la lente ascension du troupeau au long des drailles millénaires tout en discutant des affaires du monde. Un vrai poète, Christian Planque, qui élevait des chèvres, nous accueillait, Christiane et moi, dans sa maison au-dessus du Vigan, non loin du mont Aigoual.

Ces douze transhumances ont donné du soleil à notre vie et je n'hésitais pas, à chaque étape, à réciter aux transhumants un beau poème de Rimbaud, de Baudelaire ou d'Apollinaire.

Voyez comme au lieu de créer de longs espaces de liberté, de vacances dans la vie d'un nonagénaire, les circonstances ont versé sur mon quotidien un ensemble d'activités entre lesquelles je tente de trouver un peu de place pour respirer.

Le Collegium, la fondation, le tribunal Russell, et tout à coup *Indignez-vous* ! Je me dis que l'excès même de ce que je cherche à mener simultanément maintient en moi un rythme exaltant.

Mais c'est aussi ce qui me prive d'une dimension qui pourrait être émouvante de ma vie personnelle. Ce que représente pour moi Christiane, le bonheur de partager avec elle de longs moments où nous ne parlons pas, jouissant tout simplement d'être deux, de nous toucher, de nous reconnaître, j'ai du mal à trouver les mots pour l'exprimer.

Ce que sont mes trois enfants, leurs huit enfants, les cinq petits-enfants de ma fille, je n'ose pas commencer à en parler ici. Et pourtant, il suffit d'un coup de téléphone de l'un d'eux pour que tout un monde d'émotion et de gratitude s'ouvre d'un seul bond.

Je pense toujours que toutes ces obligations assumées avec joie, portées avec confiance, ne vont plus durer et que l'année prochaine… ou l'année suivante… Ça, dit Christiane, je n'y crois pas.

Et pourtant, comme je serais heureux de vraiment préparer ma mort. La verrai-je venir dans la souffrance ? Sans doute. Peu nombreux sont ceux qui partent à la manière de Pindare, comme le rapporte

August von Platen : il aurait posé sa joue sur le genou de son bien-aimé, assistant au spectacle, et lorsque la musique se serait tue, celui-ci aurait voulu le réveiller mais il serait rentré auprès des dieux.

Je sens bien déjà les forces s'user, les faiblesses prendre le dessus. J'évalue mal où j'en suis. Qu'importe, on verra bien.

La chanson de l'échanson muet

(…)
Avons-nous le tort d'être vivants notoires
Au lieu qu'assommés nous entendrions mieux ?
Faut-il être mort qu'une chanson vous narre
La vie, ses secrets, vous ouvre alors les yeux ?

Parmi les chansons, les rengaines du monde,
Il y en a une, l'entendrez-vous jamais
Que le Vent, la Lune, fredonnent à la ronde
L'absconse chanson de l'échanson muet.

Christian Planque

Table

Composé par Facompo
à Lisieux (Calvados)

POCKET - 12, avenue d'Italie - 75627 Paris cedex 13

Imprimé en France par

MAURY IMPRIMEUR
à Malesherbes (Loiret)
en mars 2013

N° d'impression : 180441
Dépôt légal : août 2012
Suite du premier tirage : mars 2013
S22852/03